64万人の魂
兵庫知事選記

勝谷誠彦

西日本出版社

はじめに

兵庫県知事、やります

兵庫県知事、やります。

やりますって、そりゃあ、まずは選んでいただかないといけないわけだが、こういう時に「兵庫県知事選に出ます」と宣言するのは私は嫌いだ。それが目的ではない。兵庫県知事になることすら目的ではない。兵庫県をうんと素晴らしくしたいのだ。

さあて。今から7月2日までの戦いが始まった。

なるほど選挙というものは、こういうしょうもない、失礼、地道なことからやらなくてはいけないのかと感じている。とはいえ、あまり手の内は明かすなと、参謀どもから叱られそうでもある。ただし、これからの登場人物の「表の顔」は紹介しておこう。本当に怖いのは「裏の顔」かも知れない、と脅してもおこう（笑）。

「あ〜、そうだね、事務所借りなきゃね」。大根を買いに行くように言うのである。「安曇野の軍師」は。世論社社長の高橋ヨロンさんだ。横で「このヒト、金銭感覚おかしいですから。いや、すべて気が狂っていますんで、よろしくお願いします」。マネージャーのT－1《ティーワン》君である。何しろ気持ち悪いが皇居の近くにスープの冷めない距離で、私とヨロンさんは事務所も住居も構えていて、T－1君も含めて男3人で辛い酒をいつも呑んでいるので、このトリオは鉄壁だ。

面白いなあ、と思うのは。小説的だと考えるのは。まさか自分が知事になろうとするとは思いもしなかったずいぶんと昔。沛然《はいぜん》と雨が降る8月15日に、田中康夫さんが二番町の私の事務所に来られたのである。何度かそのシーンはあちこちで書いてきた。「長野県知事選に出ようと思うけれども、どう?」。ほぼ面識がなかったが「やられればいいと思います」と文藝春秋を辞めたばかりの私は答えた。まさか自分の身の上にそれが降りかかってくるとは。

まだウェブがそれほど普及していない時代であった。ましてや選挙でウェブをどう使うのかは誰もわかっていなかった。私はその方面は疎いのだが、モノ書きとしてのカンはあった。やはりモノ書きである田中さんの「文章」を広げなくてはと。あれこれ、やっているうちに安曇野に卓越した才能があることを知った。ローランドのエンジニアだった。それが、今や日本国の政治家が「あの男に連絡をとって頼めるか」という「高橋『ヨロン』茂」である。編集者というのは才能あるモノ書きを掘り出すのが仕事だが、私はあまり成功しなかった。威張って言うが、私の方がうまいからである。あ〜あ。

その私が思わぬ方面で発掘したのがヨロンさんであった。いろいろと私は人の人生を変えてしまっているが、彼などその最たるものであろう。その最終兵器が、私を支えてくれる。もう家も神戸に借りた。近所の呑み屋を、私とT－1君とでチェックした。いったいこいつらは何をしようとしているのか。すみません、すみません。

でもね、それが基本なのだ、私たちの。私のキャッチフレーズは「明るく楽しい兵庫県」です。確か司馬遼太郎さんが戦国大名を評して言った言葉に「悪事でも、明るく楽しくやるとそう見えない」があったと思う。原文に当たっていないので、ディテールは間違っているだろう。しかし私はその言葉に出逢った時に衝撃を受けたのだ。

悪事はやらない。それでも県民にとって痛みを伴うことは、しなくてはいけない場合もある。日本の政治家はずっとそれを避けて有権者に媚びてきた。その結果、ツケがたまってきたのだ。必要な手術はする。その時に、医師は「可能性は五分五分ですね」とか言ってはいけない。医者の息子として育ってきて、私は父の「大丈夫ですよ」という言葉を尊敬していた。どうせやらなくてはいけないことがあるのならば、明るく楽しくやればいいではないか。

行政の細かい部分は、精強無比なる兵庫県職員のみなさんを信頼している。私がやることは「明るく楽しい」空気を作ることと、最後に腹を切ることだ。信頼した以上、そこで責任をとるべきことがあれば、従容として腹を切る。このことである。いろいろな人の意見も聞いたが、最後は自分で決めることだ。「もう一期、現職にやってもらえれば」という声は多かった。多選批判はもちろんある。自治省から天下って「世間」というものを一つも知らないままに兵庫県に君臨してこられた方がどうなのかとは思うが、私は彼のことを知らないのでもちろん批判はしない。ただその「姿」を見るのみである。

畢竟《ひっきょう》、自分なのだ。自分はどうか。両親が亡くなったことは大きいかも知れない。私にとって両親は大きな存在であった。それがいなくなったということで一つの枷《かせ》が外れたことではある。もう一つは、自分の年齢だ。さきほど触れたように「あと

4年待って欲しい」の裏には「待ってもられえば、応援団がたくさんつきますよ」ということだと理解出来る。その時は楽な選挙だろう。

だがそれは私ではない。私は独立自尊で生きてきた。独立自尊で生きるため、とくに戦場で求められるのは「自分の状況の把握」だ。最終的には身体的状況ということになる。この感覚、真っ当な人生を送っておられる方々にはわからないかも知れない。

今私は56歳。ここで闘うか、60歳まで待つか、が最終的な選択肢であった。私は56歳を選んだ。父がいつも言っていた。「さまざまな技術で寿命は延びても、人の人生の尺度というものは、そうは変わらない。あとはおまけだと思え」と。昭和の時代、56歳は「定年後」であった。人々のために何か出来るならば、頑張るのがいい。

朝の風と一緒に、このすがすがしい気持ちをお届けしたい。兵庫県知事、やります。素晴らしい場所を、創ります。一緒にやろう。みなさん、ぜひ遊びに来てください。

兵庫県地図
新温泉町
豊岡市
香美町
養父市
朝来市
丹波市
宍粟市
神河町
篠山市
多可町
佐用町
市川町
西脇市
福崎町
三田市
加西市
加東市
猪名川町
姫路市
上郡町
たつの市
小野市
川西市
太子町
相生市
宝塚市
三木市
神戸市
赤穂市
加古川市
北区
伊丹市
高砂市
西宮市
稲美町
灘区
芦屋市
尼崎市
東灘区
西区
中央区
明石市
兵庫区
須磨区
播磨町
垂水区
長田区
淡路市
洲本市
南あわじ市

もくじ

草莽崛起《そうもうくっき》

2017年4月27日

泣かせるなよ。

私がやっている有料配信メールの読者からのメールが止まらない。なにしろ著者の私よりもガクがある人が多いので「草莽崛起」だとか「いざ鎌倉」とか、うまいなあ。遠隔地から「馳せ参じる」と言ってくださる方も多数。地元の読者のみなさんは私たちが見落としていたようなことを、次々と指摘してくれる。

「百年兵を養うは、一日これ用いんが為なり」という言葉を思い出したりもする。十数年にわたって毎日朝2時に起きて、阿呆のように5000字を書き続け10時までにメールを届ける。それをお金を払ってまで読んでくださっていた方々が「一朝有事」にあたって、次々と立ち上がってくださろうとする。「もうこれでいいや」

とすら思いそうになるが、それではいけない。戦は勝ってナンボなのである。むしろ「その先」のことを考えて、私はまことに勇気づけられている。まさに、兵庫県だけではなく、日本国の「衆知を結集」することが出来る幸せ。それもまさに「兵を養う」であって、そうそう読みやすくもないこの日記にずっとついてきて、いつも意見などもくださっている「日本国の知性」だ。膨大な数の「顧問」がいるようなものだ。

今日は13時から兵庫県庁で記者会見をする。「まさかその格好で出るつもりじゃないでしょうね」。昨日、いつも通りのオレンジのラガーシャツに京都デニムをはいた私をしみじみと見て、T－1君は言った。「ただのレッサーパンダじゃないですか」「かわいくていいじゃない」「無謀なことするのはやめましょ」。

レッサーパンダではいけないと言うので、昨日は「兵站《へいたん》の日」になった。今日、記者会見ですよ。その前日にとんでもない泥縄である。この選挙日記の行く末が、今から書くことでだいたい見えて来ると思う。「マジかよ」と言う、お笑い知事選挙だ。「楽しくなければ選挙ではない。笑えなくてはいい知事にはなれない」である。

「誰もそんなこと期待してませんから。さ、とにかく行きましょう」。

というわけで私とT−1君は梅田へと出かけたのであった。ここでまた、強力なキャラクターが一人登場する。ジャンボさん。スタイリストだ。関西の番組に出る時の私のスタイリングはすべて彼女がやってくれてきた。「いい趣味していますね」などとときどき褒めてくださる視聴者がいるが、それは彼女が借りてきてくれている服のおかげであって、私はただの着たきりレッサーパンダなのだ。

どこか有名ブランドにでも行けばいいものを、新聞広告で「2着で2万円少し」というイベントをやっていることを知ったので、私は「そこで買おう」と決めたのだ。何ごとも節約である。県民の税金を使う時もそうしたいものだ。濃紺と黒っぽいものを二つ購入する。「シャツは?」「喪服で使う白いのがあるよ」「ベルトは?」「喪服で…」「きいいいい!」彼女がキレたのである。父の葬儀や法事もあったし、親戚も関西がほとんどなので、それがらみの服はこちらに一式あるので。

「出馬表明の晴れ舞台に、スーツはともかく中味がすべて喪服の流れというのは、ようないですねえ」「そう? スーツも喪服でよければ、買わなくて…」「きいいいい!」。というわけでスーツ2着に加えて、シャツ2枚、ネクタイ2本。靴も買わされた。バーゲンだったせいか、まとめて払ったが、驚くほど高くはなくてホッ。

ズボンのすそ上げに何時間かかかる。「じゃあ、その間に眼鏡作りに行きましょう」。T－1君が言う。「これじゃあかんの？」「どこに色眼鏡かけてる知事がおりますねん」私のケチを知っているジャンボさんが「何もデパートで作らなくても。安売りの眼鏡で十分ですから」といいアドバイスをしてくれる。二人がスマホで店を検索。

ここでも私は今の世間というものを知って、驚きの連続だった。まず、安い。８０００円である。フレームが、ではない。レンズを入れてなのである。学生時代などはメガネを壊すと何万円もかかって、しばらく落ち込んでいたものだが。出来上がりの時間にもびっくり。注文すると30分ほどで完成。「まともな人に見えますやん」「ほんまに」。色なしの、丸い感じのフレームだ。

二人が何か策謀を立てている。「髪や」。「じゃあ、トランプみたいな髪形に？」「だれがズラにしろと言いましたか。染めるんですよ」「金髪に？」もう、二人とも反応もしてくれない。すべてスタイリングをすると、やはり白髪が気になると言うのである。ここのところ、苦労が多いせいか急激に真っ白になった。以前の短髪だとあまり目立たなかったのだが、やや伸ばしていると確かに老けて見える。

「現職は70代、あと二人出られる方も60代、こちらだけが50代です。若さを知ってもらいたいのに、真っ白ではダメです」「そうかなあ」。ぶつぶつ言っている間に、色を決められてしまった。真っ黒だと重いし不自然なので、すこうし茶色がかって。人生、初めての髪染めである。時間、かかるんですね。ペタペタ塗られてサランラップみたいなのを巻かれて放置。『週刊新潮』一冊読み切るくらい時間を使った。それから、カット。

いや、確かに若く見える（あくまでも本人の主観、当社比）。

発言も気をつけるようにしなくては（笑）。大丈夫ですよ。遠慮はしない。私は何も変わらない。ただし、不用心な失言はよろしくない。こう見えても、あれだけ膨大な生放送に出演していて、何か事故を起こしたことはないのだ。やや自慢するならば「緊張感」である。

2017年4月28日

昨夜、記者会見を終えて精強無比なる「チーム・カツヤ」幕僚と当面の秘密基地にさまざまな資材を置いたあと、遅い昼飯を近くのお好み焼き屋に食べに出た。テレビがついている。ワイドショウを観るともなく観ていると、ニュースコーナーになる。いきなり私の顔が大映しになって、全員が椅子から転げ落ちた。店のご主人は画面と私を交互に指さして、口をパクパクさせている。

「あ、ほんまや。ほんものや。どっかで見た人やなあ、とは感じてたけど、髪とか変えてはるから、わからんかった。そやけど、声がそうやな」。

余談ながら。「ママとの約束、破りましたね」とのメールが大量に読者から届いた(泣)。みんなよく読んでくださっている。私のママは「役者と政治家と新興宗教の教祖にはなるな。おまえは、出来てしまうから」と諭して逝った。私のディープな読者は知っていて「役者、やっちゃいましたよね」と送ってくださる。

「次は、とうとう政治家ですか」。

会見の話に戻ることにする。会場は県庁の記者クラブがある部屋の隣の会議室であった。クラブ活…書かない書かない。あやうくキーボードか滑りそうになった。でもね、まことに素直に書いてしまうと、私は記者やカメラマンのみなさんと、この場でとても仲良しになった。ほとんどはもちろん私よりも年下だ。彼ら彼女らの気持ちがよくわかる。私も昔はあっち側にいたのだから。

そのため、出来るだけ「記事になる」話をしようと考えた。質問そのものはどの社であったか、最後にこう聞かれた。

「どんな知事になりたいか」

私の回答。

「明るく楽しい知事。みんなの中に入っていける知事。ほんまは知事室を開けっ放しにしたいくらいなんです。セキュリティーの問題もあるでしょうけどね。僕、顔だけは売れてるでしょ。尼崎で立ち飲みしたりしてると、よう声をかけられるんです。そういう知事を目指したい」

まあ、そういうことだ。

「勝谷氏は最後まで笑顔を振りまき、約1時間に及んだ出馬会見を終えた」

ああ、産経新聞はこんなことを書いてくれた。一番嬉しいなあ。たまたま産経を取りあげたけれども、各社、みんな核心をついてくれている。若きジャーナリストたち、たいしたものだと老兵は思った。

2017年4月29日

これは笑った。いや、ありがたい記事だが。

（言論プラットホームアゴラ新田哲史編集長の記事より）

「尼崎のトランプ」勝谷氏、兵庫知事選出馬へ

著名人候補の場合、選挙準備のメディア露出が進むにつれ、ロイヤリティーの高いファンを中心に、士気の高いボランティアスタッフの確保はスムーズに行くのではないかと思われる。ていうか、都議選とかぶってなければ、手伝いたかったくらいだ（笑）楽しい選挙戦になるのは、間違いない。

ただ、楽しいばかりでは意味がない。ご本人も本気だ。勝谷さんが勝機をつかむには、「尼のトランプ」路線で行くしかないだろう。これは、メディアでの過激な言動で本家と似ているという表層的な話で言うのではない。2015年の年末時点からトランプ初当選をロジカルに予想していた渡瀬裕哉さんのブログや初の著書「トランプの黒幕」にも書いてあるように、エスタブリッシュメントから政治を取り戻す運動として、極めて戦略的なPRを奏功させたのが「トランプ流」だった。

記者会見前の記事なのだが、なるほどねえ、と。私はとにかく「明るく楽しい闘い」をしようと考えているので、さまざまな意見を頂戴するのが嬉しいのだ。意外とみなさんが好意的なのに、むしろ戸惑っている。「尼のトランプ」いいコピーだが、毒もあるなあ（笑）。トランプさんをポピュリズムというのは、多くのアメリカのフツーの人たちに対して失礼かと私は考える。「貧しい人々の考えは低い」というこの発想そのものが、トランプさんが指摘したことであって、それを「ポピュリズム」と言うのはどうかと。

ただし「広く薄く」たとえば選挙資金を募ったということでは、私は賛同するところがある。トランプさん本人の莫大な資産はあったとはいえ。自分たちでも、票だけではなくこういう形で参加出来るのだ、という気持ちを拡げた。有権者が「タックスペイヤー」であるという発想がアメリカでは強い。日本人はそうあまり考えない。多くの方々が給料から税金を天引きされて、銀行口座に振り込まれるから、納税の意識が低い。私はこれが日本をダメにしたことの一つだと思っている。

「尼のトランプ」という尊称（笑）はその点で、私は喜ぶものだ。「広く薄く、良民や常民のみなさんの支援を仰ぐ」というのは、まことに危険な武器なのである。何に対してか。ちょっと見得を切る。私がずっと言ってきて、人口に膾炙《かいしゃ》するに至って嬉しい「利権談合共産主義」を相手に。ガチガチに組織を固め、上からの利権の分配を口を開けて待っている相手に配る状況は、終わったと私はずっと言ってきた。終わり始めたのはもう1970年代だが、本当の終焉が証明したのは、この「失われた20年間」である。それぞれの地方で、誰がその間、ずっと君臨していたか。何をしてくれたのか。考えてみたいものだ。

黄金週間の前に突貫で動いた。「まずたたき台を出せ」は私たちの仕事の基本だ。「何を考えているんだ。変える必要はないだろう」が、利権談合共産主義だ。

記者会見は各社の写真部の方々も来ていた。「ザワッ」とするのがわかる。「レジェンド」が登場したのだ。わが戦友、不肖・宮嶋茂樹参上。

どれほど命を二人で的にしてきたか。湾岸戦争、イラク戦争。イラクでは、わが師匠、橋田信介さんとその甥の小川巧太郎君とさまざまな地で一緒にいて、お二人は「戦死」し、私たちだけが生き恥をさらした。

記者会見の場合では、新聞などは肩書を大切にしてくれるので、私が意地でねじこんだ「作家」を書いてくれていて嬉しかった。そもそもこんなことをやらなければそろそろ「作家」に本気になっていたのだが「優先順位」を考えたのである。人のために動くには、まだまだ元気でなくてはいけない。脳と手さえなんとかなれば、小説は書ける。

「週刊（『週刊文春』）のグラビアかい？」「そんなん、載せませんよ。自分がどれだけ注目されとると勘違いしとるんですか」。はい。

まったくの戦友として、彼は応援に来てくれたのだ。電話はしてあった。すぐに彼は「ワシは何をすればええですか。何でも言ってください」と即答した。明石市生まれなので、県内の人脈は広いのだが、どうこうしてもらうことは思い付かない。不肖がやったのは、記者会見に自分でやってきて、いつ使うともわからない写真を愛機で撮りまくることであった。「宮嶋さん、来てはるで」の中で。

2017年5月1日

兵庫県は、情報公開度が決して高くはないと私は考える。私は情報をとって来る仕事をずっとしてきたわけだが、だからこそ何をもって公開度とするかが、まことに難しいことは知っている。ランキングなどがあるが、出す側としては不満を感じることもあるだろう。一つだけ、どの国でも、歴史のどの場面でも、私が言える原則がある。それは「長期政権では、必ず情報の澱がたまり『秘密』が増えろ」ということである。

トップが変わると「隠されていた情報」が明らかになることについては、あなたや、あなたも「あっ」と思い当たることがあるのではないか。情報というとペーパー、今ならデータだろうが、私にとって衝撃的だったのは「モノ」。フィリピンの「黄色い革命」でフェルディナンド・マルコスがハワイへ逃亡したあと、突入したメディアが見つけた、イメルダ・マルコス夫人の3000足の靴と6000着の服であった。これも「隠されていた情報」なのである。

隣国の朴槿恵前大統領が法廷に立たされているのも、権力を失ったからこそ、さまざまな情報が明らかになったからにほかならない。いや、あの国の歴代の大統領が、ろくな末路をたどらないのは、権力を手離した瞬間に「すべてがバレる」からだ。韓国の人々は、権力の腐敗について本能的に知るところがあったのではないか。大統領の任期は一期だけで、再任は出来ない。

強大な権限を持つ、日本国の知事があちこちで10年20年と君臨を続けているのは、世界的に見ても珍事なのである。非常識と言ってもいいか。きちんと断っておくが、何か不祥事が隠蔽されているというわけではないかも知れない。「権力は腐敗する」という言葉が普遍なのは「悪徳」ではなくとも、統治下の人々にとっての「不利益」がなかりしか、ということだと私は考える。

始動

2017年5月9日

連休明けで、やっとチーム・カツヤの始動であった。まずは目の前にある尼崎信用金庫に行く。朝一で開設した後援会の口座に戦闘資金を入れるのだ。額が額なので支店長が出てきて、挨拶をする。連休があったので遅れたが、朝一ですぐに口座を作るあたりの機動力がいい。

私の陣営には関羽と張飛がいる。高橋「ヨロン」茂、とマネージャーのT－1君である。これ、こういう時のために天が下したのではないかと思うほどの天才だ。いろいろな選挙に立ち合ってきたが、アタマからこういう二人がいるということは、まるで奇跡のようだ。説明なし。議論なし。自然現象のように、二人が動いていくのである。

私の無能さを想像していただきたい。呆然としているうちに、三ノ宮駅の真ん前に事務所が構えられて、もうボランティアの方々への説明会である。私が「う〜ん、とにかく」とか言っているところに、ヨロンさんが公職選挙法の詳しい説明をする。相手に足をすくわれないためだ。こういう時にはよく「選挙ゴロ」が来る。それで飯を食っている方々だが、うちには来ない。「安曇野の軍師」高橋ヨロンがいるというのは、まあ地元なので言いにくいが（笑）「本家が出張《でば》っておられるようじゃけのう」だ。雰囲気で書きました。広島のみなさん、すみません。

そんな中で、ボランティアに来てくださる方の、最初の説明会を、借りたばかりの神戸の事務所でやったのだ。どきどき。連休明けの、平日の昼間なのに大勢が来てくださった。やっと何だか責任感のようなものが生まれて「そこかよ」とあちこちから言われた気も。

2017年5月10日

「愉しいなあ」と私は言った。昨夜、もろもろが終わったあとで、スタッフたちと呑みに行った席でである。

とにかく愉しい。私がまさに地元の灘中学、高校で覚えているのは授業などまったくない。文化祭と体育祭だ。あとは自分の選挙かな。父と母が呆然として言った気持ちはわからなくはない。「何のために、灘に行ったの？」と嘆きつつも、二人とも私の遊んでいる人生を認めてくれた。

またやらかしているのである。56歳になっても。文化祭や体育祭でまず興奮するのは「飾りつけ」が始まったところだ。終電までやったものである。わが事務所にようやく備品が運び込まれた。それまで「スケルトン」つまりコンクリートの打ちっぱなしだけだったのが、なんとなく雰囲気が出てくる。高橋「ヨロン」茂さんは「参謀長」、マネージャーのT－1君は「副官」もしくは「先任曹長」と呼んでいる。たいがい、地域戦の行方はアホな将校よりも先任曹長の能力で決まるのである。彼はそれを凌駕する能力がある。

参謀長はおっとりしているので「そうかなあ」とたいがい言っているが、実は多くの議員を送り出している恐るべき存在。一つ一つのことで「これは公職選挙法ではどうなの？」と私は聞く。すると歩く六法全書のように答えてくれる。先任曹長は現場の指揮官である。これまであまたの戦場を闘ってきた。つまりイベントのプロなのだ。まことに的確な指令で次々と備品が運び込まれて来る。意外なものが必要なのですよ。冷蔵庫、コピー機などはわかったが、シュレッダー。陣営の内容がわからないためだ。いやあ、戦争だなあ。わはははは。愉しい。

ちなみに、高橋「ヨロン」茂さんは、田中康夫さんを長野県知事にした男である。あのころのギラつきが抜けて「まあ、ちょっと助けてやるか」という空気がいい。小説家としていえば、ぜひ登場させたいキャラだ。私は、一篇の小説を書くように、今のことをやっているのかも知れない。

政策というものについて、やっと学んでいる。こんなことを書くのは手の内をさらすようで、やめろと言う人もいるが、いいのである。そんなことでダメなら、私がダメだったということだ。不勉強をここで告白して、兵庫県民はもちろん、全国、いや世界の私の読者のみなさん、あるいはその友人たちから「こうしろよ」と教えていただきたいのである。それが本当の、この集合知の時代の民主主義ではないのか。

ちょっと開き直るが、天下国家についての施策で私ほど理解しているものはいないと考える。けれども、舞台が違う。これはしっかり勉強しなくてはと、兜の緒をしめたということだ。

モノ書きだから考える。入口は平らに、そのあと自分のドラマに巻き込んでいかなくては。

「手の内、バラしすぎですって」「ええんや。これはプロの私にしか出来ないことやから。真似出来るんやったらやってみい」。

自治体単位での約束ごとはまことに難しいことがわかってきた。市町村の方がまだいいのだ。県という「中抜き団体」が持っている権限は限られている。ところが、思わぬところで力を持っていたりする。こんなことは自分の首を締めるのだろうが「県が必要なのか」という根本的な疑問も感じてくるが、それを実感するためには、現場を体験しなくてはいけないだろう。兵庫県民の方々を実験台にするのではない。教えて欲しいのだ。どちらが「県民益」「国民益」になるのかを。

というわけで三ノ宮の山側、フラワーロードに面した、うどんの「松屋」さんと同じビルの隣に事務所を開設した。

2017年5月11日

私は写真編集者だったので「現場に任せる」ことにしている。ダメな編集者ほど、横から「俺はさあ」と言いたがる。私は、写真家はもちろん、スタイリスト、ヘアメイクまで、すべてお任せだ。タレントを撮っている時は、意見も言って、いくつかとんがったショットも撮ってもらう。だけど、自分のことは自分には見えないと思っているので、こういうことになった。

すべてがそうだ。選挙なんてやったことはないのだから、経験者の意見に従う。一つだけ反論するのは「これはいくら何でも厳しいね」という論議のことで「死ぬわけはないのだから、やりましょう」だ。たかだか十数日のことである。寝る場所もなしに、前線で生き延びてきた特派員をナメてもらっては困る。相手は「閣下」のおじいさんなので、体力は対抗出来る大きな要素ではないか。

あっ、選挙を「やったことはない」はちょっと嘘だった。灘高の生徒会長選挙があった。公職選挙法にほぼ基づいたことを生徒にやらせる。政治家や官僚が輩出するのもわかる。ポスター何枚、立看板、持ち看板の数もすべて制限がある。相手は一学年上のスーパーエリートにして、東大を出たあとは警察庁の高級官僚として小泉純一郎首相の官邸にいた方だ。

生徒会長選挙の時。規約を読んでいて一つ見つけた。「何時から運動を開始していい」という記述がないのだ。なぜか私は、その存在そのものは無能なのに、奇才が周囲に寄って来る。今回も同じである。その時の幕僚も、今思えば最強だった。上の学年にケンカを売るのだから。同級生の一人が言った。「始発で来ればええんとちゃう？」。確かに。

これはその後の私の人生の一つの指針となっていて「人より苦労すればいい」のである。早起きすればいいのだ。かくして私の陣営は始発で学校に行って、登校する生徒たちを待ち受けて握手をしまくった。勤勉な学校だったので、授業時刻のずっと前に来て予習する生徒も多かった。それが「えっ？　もう来てんの？」と思ってくれたことは大きかったと今では感じる。数日して、相手陣営も同じことを始めたが「最初に井戸を掘った人」を人々は覚えているのである。

選挙事務所に、家具が入った。ぐっとそれらしくなって、嬉しくてみんなで記念写真を撮ったりしたけれども、恥ずかしい。昨日、さっそく読者の方が訪ねてきてくれた。

何しろ「安曇野の軍師」として神格化されている高橋「ヨロン」茂がいるので、来ていただいた方に何をしていいかが厳密に決められている。たとえば「お茶はいいがコーヒーはダメ」なのだ。利益供与になる。正直、しょ〜もないとは思うが、きっちりやるしかない。記者の時代に群馬の選挙を取材したことがあった。3人の総理を出したところだ。お互いの選挙事務所を「料亭」「レストラン」「ラーメン屋」と呼び合っていた。有権者は、そこをハシゴして「今日の晩飯はいらんわ」と言っていた。「ラーメン屋」はもっとも資金力がなかったが、最後に総理になった小渕恵三さんの事務所である。もちろん今はそんな時代ではない。

かといってなあ。お客さんに「お茶でもどうです？」と出すのが日本国の美しい文化。そのギリギリのところを、今見極めているわけだ。やってみなければわからないことがある、は本当だ。まあ、破産はしないまでも、これで私は私財のかなりを使うが、余生に読者に還元出来るネタをとんでもなく集めている実感はある。会社なら工場などに投資するのだろうが、私は自分の頭脳と経験にこうして投資する。

自分を経営していると考えると、まっとうだと考えるのだが。

机が来たので、そこでみんなで今後の動きを相談した。情勢は理解している。これは「兵庫県のD-day」である、と私は宣言した。圧倒的な不利から、しかし正攻法をもって、正義を実現するのであると。D-dayとは、第二次世界大戦における連合軍の反抗が始まった日である。三国同盟の一員であった大日本帝国を愛する私としては悔しいが、してやられたというところだ。戦略と合理性が、精神主義を打ち砕いたのだ。

圧倒的な相手の前に敵前上陸をする。明るくやる。帝国陸海軍の精神主義を私は尊敬するものではあるが、精神力だけで負ける戦はしない。そういうことだ。

2017年5月13日

事務所開きだというのに、大雨。三ノ宮の各駅から本当に1分2分で、地下鉄の出口も目の前なので、そうは濡れずに来られると思います。

これからいろいろと想定外のことが起きていくのだろうが、まず今朝は「雨」。事務所の外に立てた幟が濡れたらどうなっているのだろうか、とか。昨日は、有力な応援団で選挙のプロものぞいてくれた。仰天して曰く「事務所の看板に名前が一つもないのはどういうことでしょうか」。確かに『明るく楽しい兵庫県』的なものしか書いていないのだが、これには論拠があって、公職選挙法にきわめて慎重な私たちは、この時点で名前を掲げるのはどうかと考えたのだ。

「アホちゃいますか」と叱られた。いろいろ叱られた。だがなあ。私はあくまでもバカなくらいの遵法で行こうと考えているのである。名前くらいはこそっと、今の看板の上に貼り付けるかも知れません。確かにアホすぎた。私の名前がない事務所開き。

私がもっともやりたいのは「教育」だ。「勉強するなら兵庫県」にしたい。教育というのは国家100年の計であって、大日本帝国が明治維新からあっという間に列強に伍することが出来たのは、江戸時代に世界でも希有な「読み書きソロバン」の基礎があった上に、堅牢な教育の仕組みを明治政府があっという間に作ったからだ。

江戸時代と明治の教育の「レガシー」の上にずっと日本国は乗ってきた。先の戦争に負けて、思想的にはアメリカの宗教である民主主義が持ち込まれたが、仕組みそのものは、明治維新からそうは変わっていない。ただ、怠惰になり朽ちてきただけである。もう一度、これを建て直さなくてはならない。

私が目をつけたのは、明治の御代に「初等教育」を打ち立てたのは「地域」「地方」であったことだ。多くの小学校が、地元の有志たちの献金によって出来た。だんだんと地域も広がり、信州のように「教育県」として胸をはるところも出来てきた。教育というのはもっとも効果的であり、人々の誇りを裏書きする投資なのだ。

兵庫県にはその素地がある。私の母校を含めて、これほど、中学高校教育において私学が充実、集中している地域はない。公立学校のレベルも高いし、可能性がある大学もいくつもある。ただし、その連携がなかなかとれていない。母校なのでよくわかるが、灘校には全国から俊英が来ていながら、大学からは東京、あるいは今なら海外に行ってしまう。まるでサケの放流だ。「カムバック・サーモン」といきたいものである。

何も「勉強」だけではない。灘校の最低の落ちこぼれだから言えるのだが、人には「好きなこと」「得意技」があって、灘で「カシコ」やった連中は勉強が「得意技」であった。私は違っていて、まあ、こうやって文章を書くことであったかも知れない。いちおうそういう場所に身を置いた落ちこぼれだから言えるのかも知れぬが、それぞれの「得意技」において「一度は兵庫で修行したらいいよ」という考え方が、世界中に広まってくれることが夢だ。まあ、私がやれるスパンでは難しいだろうが、種をまきたい。

あと数時間で人々の前に立つ。私は道路の話も橋の話もしない。「人」を創ることで、兵庫県を世界の憧れの地にするということのみを語る。

2017年5月14日

「事務所開き」が一つのイベントであるとは今回、初めて知った。メディアが取りあげてくれるからだろうが、今朝チェックしたところそうでもない。もっとも、テレビカメラはずらりと並ぶし、記者も大勢来てくれた。こちらも話をしてくださる来賓をお願いした。私のごく親しい人だ。ずいぶんと頼んだが、やはりみなさんいろいろと事情があって、難しかった。そんな中で来てくださったお二人。わが日本国海軍にこの人ありと言われた三木伸介元提督と、わが官能小説界の重鎮である、花房観音さんである。

もうありがたいと言うほかはない。お二人ともマイクを握ってくださったが、記者のみなさんは何が起きたのかよくわからなかったようで、当然であろう。私もグッとガマンをした。「国防ならば兵庫県」「官能特区の設定を」とか、調子に乗って言いそうになったのだが。でもね。知事というのは直接的に手を下すものは実はなかなか限られている。私は「コーディネイター」であると考える。であれば、こうした場に、提督と作家にすぐに来ていただけるような「人のつながり」は大切ではないかな、と言いたかったのだが。

「ああ、終わった終わった。この時刻から開いている呑み屋は…」と言い始める私を取り押さえるようにわがスタッフは「では街に出ましょう」だ。どうもこれからはこういう人生になるらしい。事務所から徒歩で出て、三宮の商店街などを歩く。「練り歩き」と言う。幟をスタッフが持っていてくれるが、いろいろな規制もあって、私の名前は入っていない。それでも見かけた方々が「あっ、テレビの人や」と寄ってきてくださる。このことには私は慣れていて、ちょっとややこしい私の名前を覚えてくださっている方々は稀だ。「あ、テレビ、テレビ」とこれまでも指差されてきた。嬉しいことではある。

何カ所かで止まっていささか喋った。20分から30分に及ぶこともあったが、これは異例らしい。もっと短く、たくさんの場所で話をした方がいいとアドバイスされたので、慣れなくては。握手の多さは嬉しかった。商店街などを歩いていると、あちらから近寄ってきてくださって、手を握る。こんなことは、なかなかないらしい、というのは、何においても素人だからだ。

泣かせるなよ。

候補者が自分の事務所で泣いていいのは、当選した時だけだ。だが私の周囲には泣かせの達人がいて困る。事務所に行くと花が届いていた。「花田紀凱」とある。師匠、こんな時まで私を気づかってくれる。他にもたくさん頂戴した。まずここでウルッと来る。

それでも我慢した。候補が今、泣いてはいけない。でもこれは禁じ手だよ。いくつか陣中見舞いを頂戴した。スタッフが場所を作って見えるように置いている。その一つを見て、私は目を疑った。送り手の名前に「平野稔」とあった。私はヨロンさんを呼んだ。そしてこう言った。

「天国から陣中見舞いが来たよ」と。二人とも涙が滂沱で、仕事にならなくなった。

平野稔さんは、長野県を代表する書店「平安堂」のオーナーである。任侠の人であり、実際にそういう世界に身を置いたこともあるとも聞いた。政府から頂戴した官僚を知事にすることがずっと続いていたことに、平野さんはガマンがならなくなった。田中康夫という人を見つけて担いだことは、本を売っていた文化人であったからにほかならない。

「規定方針」で副知事が立候補する中で、平野さんは毅然として田中さんの支持を表明し、そこに多くの同志が集った。私も間接的にそこに参加し、その場で出会ったのが今私の参謀長をしてくれている高橋ヨロンさんなのである。平野さんがいなければ、私は彼との出会いもなく、今回、こんな選挙に出ることもなかったかも知れない。「漢《おとこ》」というものを、私はあの信濃の侠客に見た。どこかで、漢は命をかけるべき時を持たなくてはいけないと感じた。

ヨロンさんと私はそういう出会いなので、出陣式のそこに「平野稔」で、天国からお祝いが届いてしまうと、これはいけない。やらかしたのは、平野さんを支え続けてきた天才的な秘書のO嬢である。

グランドツアー

2017年5月15日

マネージャーのT－1君が薄笑いを浮かべながら「見ない方がいいですよ。敵前逃亡されると困りますから」という、地獄の遊説ツアーが始まった。

昨日回ったのは丹波地方であった。

10時から三田のホールで集会が始まった。驚いた。開始よりもはるかに前から聴衆が待ってくれている。この日はまた夢のような天候で、緑が光輝いている。外に出てそれを見れば、どこかに行楽に行かなくてはという天気だ。にもかかわらず、海のものとも山のものともわからない、立候補予定者の話を聴きに来てくれているのである。

司会はボランティアのS嬢だ。彼ら彼女らの凄味は、ほとんどが「経験者」なのである。何かしらの選挙に関わったことがある。ド素人なのはむしろ私たちのコアチームであって「そうなんですか」とか教えてもらっている。更に会場には親友の現役の議員などが現れて「鬼軍曹」として「何をしとんねん」と教育をする。

なんと、満席であった。途中からスタッフが慌てて椅子をフロアに付け加え始めた。それも埋まった。ありがたいことだ。30分ほど、私は話した。何しろ素人集団なので、こういう時にはありえないこともやった。質疑応答である。かなりなくせ球が飛んで来る可能性があるので、まずやらないらしい。しかしくせ球から逃げていては、これからやっていくことは出来ない。聴衆にマイクを回して、さまざまな質問に答えた。

行政の経験などないのである。自分でも出来るかと思ったが、意外と。ヘタに「中にいる」よりも、外で見聞してきた自分の引き出しの方が役に立つのかも知れないと、ふと感じた。「中のこと」は練達の優秀な職員の方々がいるのである。その力を借りて、私はこの、それで食ってきた雑学的な知識を加えていけば、面白いのではないか。

次は丹波市、それから篠山市。道中の風景の美しさはどうであろう。ちょうど田植えが終わったばかりで、田には水が満ち陽差しを反射している。山が笑っているように見えるのは、針葉樹と広葉樹が入り交じり、緑の濃淡が躍動感を与えているからである。ときどき畦に人がぽつんと立っている。光がその姿を浮き上がらせる。

北海道から沖縄までさんざん歩いて、美しき大和島根《やまとしまね》を堪能してきたが、私は兵庫に惚れ直しつつある。自然が美しいだけではなく、インフラも驚くほど整備されている。今回、3カ所で講演をやらせてもらって、いずれもその設備の立派さに驚いた。ずっと「ハコもの作る馬鹿」とわめいていた私だが、自分が使ってみて、なるほどこれはたいしたものだと。現職、立派です（笑）。馬鹿は私であった。ただし、それがどれほど活用されているのかということは、これから精査していかなくてはいけないだろう。

「検証」があまりなされていないのである。作ってしまったものは仕方がないが、検証をすることで、次について考え直すきっかけになる。いくつもの芸能関係者から私は「何かやってもらえませんか」とハコを持て余している自治体に頼まれたと聞いたことがある。検証は本来、県議会も含めた、それぞれの自治体の議会の役割なのだ。ところが、あ～こんなことを書くとまた私に不利になるが（笑）ハコを作るさまざまな利権と議員さんたちはかなり近い。私か提言してやや人口に膾炙していただいている「利権談合共産主義」は中央ではかなりなくなってきた。だが地方はなあ、と、兵庫県というわけではなく、あちこち歩いて感じてはいる。

世代の転換がないと、劇的には変わらないのではないかと、思うようになってきた。これまでのパラダイムから引き離すようなことは、残酷なのかなあとも。世代を変えるというのが、なかなかスマートな方法なのかも知れない。だから、私は兵庫県でそれをやらかそうとしている。誰が悪いというのではないのだ。そんなものだったのだ。だがいつまでもそんなものでは困る。「考えを変えてね」よりも世代を変えて「これまではご苦労さまでした」がいいのかなあ、と考えた結果が私のこの特攻(笑)。私も若くはないけれども、というか、これより老いぼれると、特攻機の操縦桿も握れなくなる。

2017年5月16日

わが郷土は素晴らしい場所に満ちている。ただ、その掘り起こしが出来ていない。

不肖ながら私は、世界中を歩き、日本中のさまざまな地域でどうすればもっと人が来てくれるかを説いている。この智慧を使ってもらわない手はない。えっ？ 現場は迷惑だって？ 私もややそう思うが。外のコンサルやマスコミのレベルには辟易というか、無視せざるを得ない私が助言するようになると、そういうバッタもんは困るだろうなあ。あっ、また敵を作ってしまった。これだけで、ずいぶんと余分なカネが節約出来ると考えている。私が、コンサルします（笑）。

自慢をしているわけではない。それぞれの地域には自分の頭で考えることが出来る力があるのだ。自分の住んでいる場所のことは自分が一番知っている。なのに、自信がない。敢えていうと「田舎者のコンプレックス」である。東京から来たコンサルはきっと賢いのだろうと考える。とんでもない。そのコンサルも元々は田舎者で、東京のナントカの名刺を持っているだけだ。

田舎者だからこそ、自分の地域を盛り上げることが出来るのだ。その地の魅力資源の「地産他消」である。もっと地道に「地産地消」もあってもいい。いや「地産地消」であったものの価値を、実は地元は気づいていない。それを外に発信すると、一気にブレイクする。不肖、『さぬきうどん』や、『富士宮やきそば』、そして『獺祭』を爆発させた私である。

こうやって書くとなかなか凄いな。いつもながらの自画自賛だが。コンサルならこのうちの一つを引っさげて一生食っていくんだろうなあ。私はあくまでも趣味なので、まあ『獺祭』の本で少しは稼がしていただいたというところか。さぬきうどんなんて、あなた、責任とれと言われて『東京麺通団』を作って、私財をつぎ込んでいるんだから。

2017年5月17日

神戸の街は海から六甲山に向けて道が走り、そのいくつかが商店街になっている。昨日はそれらを歩いた。トラメガと呼ばれる拡声器を一人が持ち、私であることをお報せする。ボランティアたちが幟をかかげ、チラシを配布する。膨大な量のチラシは、持ち歩くだけでも重労働だ。

水道筋、春日野道、新開地の商店街を行く。全部で何キロになっただろうか。私はシンボルマークの蒼い「義Tシャツ」1枚なのだが、汗でズクズクになる。チラシを受け取ってくれたり、こちらを見てくれる方がいれば、そこに飛んで行って握手をする。前だったり後ろだったり、すべて小走りで、切り替えが大変だ。見ていたボランティアの一人が「どうしてそんなに素早く前や後ろに動けるんですか」と。自分でも妙な能力があるものだと考えて、思い当たった。

ボクシングのステップなのである。思わぬところで、お休み中のリングの技が役に立ったのだ。ついでにトレーニングにもなってくれているといいのだが（笑）。

徒歩での活動を終えて、元町の会館で行われた港島（ポートアイランド）疑惑と言われる、とんでもない不正をただす人々の集会に顔を出した。大マスコミもしきりに報道して、テレビでは宮崎哲ちゃんがコメンテイターをしている番組で特集まで組んでいる。

にもかかわらず、神戸市は知らぬ存ぜぬで、なんとかもみ消しと逃げきりをはかろうとしている。元事件記者として見ると、疑惑報道ではとどまらず、司法のメスが入る段階になっていると感じるのだが。要するに市民をナメているわけだが、それは兵庫県に長期君臨するトップの「ケツ持ち」があるからだと私は感じる。兵庫県の問題はいよいよ傘下の自治体においてほころびが出てきた。

2017年5月18日

昨日、初めて駅頭《えきとう》での挨拶というのを、東灘区の住吉駅でやった。やはり7時からだ。私が6年間、母校の灘校に通うために使った駅である。当時は田舎のそれのようであったのが、今は見違えるようになっている。快速は止まるし、六甲ライナーも出来て、会社も住宅もたくさんある六甲アイランドへの乗換駅となっている。JRの改札を出た通勤客たちは、左へ曲がって、ライナーの駅へとダッシュするのである。一方で、ライナーを降りた人々は、逆コースを進む。二つの巨大な集団が行き交うわけで、よくぶつからないものだと感心する。遅刻しそうなのだろうか、常に何人かは猛烈なスピードでコーナーを回り、その都度私はバックステップで身体を引かなくてはならない。

そうした方々に呼びかけ、チラシを受け取ってもらわなくてはいけないのである。これがそれほど厳しいことになるとは思わなかった。ほぼ、皆無なのだ。誰一人手に取ってくれない。これまでの商店街などでの活動では、あちらから手を伸ばしてくれたり、そのあと握手を求めてくれたりしたものだが、まったくない。それどころか、邪魔だよといわんばかりに振り払われたりする。人々の目がつり上がっている。出勤時刻のこともあるだろうが、これから一日の厳しい仕事を考えるとそうなるのだろう。

お気持ちはわかるが、私にはかなりのストレスではある。石に向かって喋っているようなものだ。だが、これが一つの修行であると、ある政治家は教えてくれた。チラシを受け取る余裕はなくとも、早朝からちゃんと立っていることを、人々は見ているのだと。なんだか小説的だ。ときどき、ごく稀に、流れを抜け出してわざわざ私のもとに握手を求めに来てくれる人がいる。私の方が、電車に乗り遅れさせるのではないかとはらはらする。力強く私の手を握りしめると、背広の裾を翻して改札口へとダッシュする背中を見ていると、グッと来るのであった。

7時半くらいであったろうか、見慣れた顔があった。握手をするが、これはご挨拶としてだ。母校の和田孫博校長先生である。先生が去られたあと、異様にでかくて重そうな黒いディパックを背負った少年たちが続々とやって来る。ディパックは揃いの銘柄というわけでもなさそうだ。小さい子では、背中に引っ張られて倒れそうですらある。細い子が多く、ほとんどがメガネをかけている。もう、ひと目で後輩たちだとわかった。

母校では家での勉強のために、教科書や参考書、辞書などを大量に持ち帰る。自然、カバンは大きく重くなり、私のころは学校が紹介してくれるそれは「10キロバッグ」と呼ばれた肩掛けだった。今は背負うようになっているのかも知れない。「校長先生よりも先に学校に入れよ」と突っ込む私だが、午後に登校していた先輩には言われたくないに違いない。ちなみに私が家で勉強など殊勝なことをするわけもなく、いつもほぼ手ぶらで通学していた。そのタタリか後に、20キロのカメラバッグを持つようになり、背骨がゆがんでしまった。

人の流れが減ってきたので切り上げて三宮の事務所へと向かう。運転しながらマネージャーのT－1君がしみじみと「灘の子ら、ヘンですよ、ヘン。なんであんなに、みんな姿勢が悪いんですか。覇気というものが、ちっとも感じられない」。先輩としてはそうかなあ、と答えるしかないのだが、確かに私のころのようなどこか元気に壊れた雰囲気はいささか減ったかも。もっともチラシを受け取ってもらえずに傷ついていた私は、あまりよく観察したわけではないのだが。

午後は垂水駅へ向かった。駅頭で話したあと、商店街を巡る。地元選出の市議が先導してくれるので顔見知りが次々と寄ってきてくれる。そうでない方もどんどん握手を求めてくれて、順番待ちになるほどだ。ツーショットの写真も、ボランティアスタッフがシャッターを押してたくさん撮る。ウェブで広がってくれると、何人もに挨拶したのと同じことになる。時代は変わったものだ。ウェブが使われ始めた最初の選挙と言われる、田中康夫さんが闘った長野知事選のころに、こんなことは考えられなかった。

一度事務所に戻って、会議をする。政策のツメのためだ。2時間あまりブレーンたちと甲論乙駁《こうろんおつばく》する。まさにさきほど書いた論議を、身内でも私たちは欠かさない。それは何よりも私が、自分の至らざることを識っているからにほかならない。正直にちょっと自画自賛すると(笑)行政や政治についてズブの素人だと自覚していたが、実際にいろいろと考えてみると、実はそうではなかった。考えてみれば、私は全国、世界を歩き回り、さまざまな現場にかかわっている知友をあまた持ち、政治家だって周囲にいた。コラムニストというのは面白い商売だと、ようやく思った。自由人の特権である。

終えてふたたび垂水に戻る。今度は帰宅する住民たちへの呼び掛けだ。土地柄もあるのかも知れないが、面白いことに朝とはまったく雰囲気が違う。仕事を終えた安心感があるのだろうか。人々の顔が穏やかで、チラシもよく受け取ってくれる。

2017年5月19日

今朝は7時から神戸市営地下鉄の名谷駅頭で挨拶とビラの配布をする。尼崎市の家から来てもそう遠くはないのだが、体力温存のために元町に泊まることに。

私などはどうでもいいのである。スタッフのほとんどは不眠不休のような状態がずっと続いてきた。それを見ていると、寝てなどいられないのである。私の決意が当初、相手もあることで二転三転したことで、準備が充分に出来ないままに走り始めた。マネージャーのT－1君と高橋「ヨロン」茂社長という稀有の天才の両輪に、ただちに駆けつけてくれたボランティアの方々がおられたからこそ、ここまでなんとか乗り切って来られたように思われる。やっと、もっと多彩な人材が全国から集まり始めた。みんな、それぞれの仕事などを整理して来てくれるわけで、時間が必要だったのだ。

異様な巨頭たちが顔をつきあわせる今の世界情勢を私はよく劇画にたとえるが、なんだか私の陣営もそうなってきた。続々と「好漢」「英雄」たちが集まって来る。まるで『水滸伝』だ。『水滸伝』では親玉の宋江はろくに闘えないが、私もまったくそう。しかし好漢たちはそれぞれの得意技を持ち、超一流である。そうした光景が私の事務所で現出しつつある。

集って来る縁もさまざまだ。「灘高生徒会長コネクション」はなかなか豪華である。会長選挙で私が破ってしまった方は最重要なブレーンとして横にいてくださるし、私の先代の生徒会長からは、驚くほどの額の寄付を頂戴した。伝説の、おそらく生前は刊行されないであろう拙小説『天国のいちばん底』でも書いたが、あの選挙では一学年上で、本来ならば恒例通り、会長を出すはずの高2をどう切り崩すかが勝負の分け目だった。その先輩方が、応援してくださる。感動する。

もちろん同級生もふらりと事務所によく来てくれる。私は外ばかり回っているので、いないことが多く、申し訳ない。ここのところ、前回の奈良県の宇陀市長選挙で惜敗した高見省次君が手伝いに来てくれていて、さすがは選挙経験者、まことに助かっている。宇陀市から、片道2時間をかけて通ってくれるのである。

街頭に立っている現場で「読者です」と囁いてくださる人の多さよ。なんだか北朝鮮の反体制秘密組織みたいだが（笑）まことに嬉しい。


昨日の朝は神戸市営地下鉄の西神中央駅頭に立った。先に共産党が二つの出口をおさえていて、一方の彼らの隣に設営する。

共産党の活動ぶりをこんなに身近に見ることはないので、まことに興味深かった。私には共産党やそこ出身の友人がかなり多い。共通するのは、勤勉で頭が良いことだが、昨日もそれを感じた。幟やパネルの年季の入り方は尋常ではない。パネルの一つに「スーダンからの自衛隊撤退を」とあるので「もう撤退、始めていますがな」と指摘すると「そうですね」と平然としている。なかなかシブい。いずれも70歳は超えているだろうという活動家のみなさんだ。いきなり私に「共謀罪はどう思います？」などと話しかけてきたりして。和気あいあいのお隣さんであった。

もう一つの出口の方には知事選の立候補予定者もみえたので、挨拶をして握手をした。ピシッとスーツを着ておられる。労働者の味方がスーツで、こちらがTシャツにデニムというのもなかなか面白かった。私たちよりも一足早く活動を終えた共産党の方々は恐るべき手際の良さで撤収をすると、幟などを担いで去っていく。その後ろ姿が、まことにカッコいい。まさに「老兵」という言葉がぴったりで、あまたの戦場をくぐり抜けてきた風情は、そのあたりで「戦争ハンタイ」と叫んでいる連中とは一味違う。

そんな観察をしている場合ではないのであった。相変わらず出勤の方々は心ここにあらずではあるが、住吉駅よりはずいぶんとチラシを受け取ってもらえたし、握手もした。ここでも無表情に閉じた世界の中にいるのは、若者たちだ。イヤホンをして、目は虚空に泳いでいる。私がどうこうというよりも、対人関係そのものを放棄しているようなのだ。今回、ここまでで、もっとも心配になったことである。自分の活動もだが、こうやって世の中の素顔をあまた観察し続けていられるだけで、やってみてよかったと思う。

東灘区の阪急岡本駅あたりを歩いたあと、今度は北区へ向かう。ポートアイランドを埋め立てるにあたり、神戸市は六甲山の裏側を削った。高度経済成長の時代であり、住宅はいくらあっても足りず、そのための土地が必要だったのだ。「山、海へ行く」がキャッチフレーズであった。出来た土地には住宅が立ち並び、ニュータウンが出来た。あの酒鬼薔薇聖斗事件が起きたのも、こうした風景の中でのことである。

2017年5月20日

今日、明日は、神戸まつり。

昨日は7時の神戸地下鉄は名谷駅の駅立ちから始めた。7時前に到着したのだが、ここでも共産党がきっちりと二つの出口を両方ともおさえている。共謀罪の委員会採決があるので、それに反対するビラ配りがメインだが、知事選もちゃっかり乗っかっている。やがてそちらの立候補予定者が来たので、私はこの日も、握手をして挨拶をした。

住吉駅であまりにチラシを受け取ってもらえないことに打ちのめされた私だが、名谷駅ではややマシになった。中年以降の男性で、向こうから近寄ってきて、ガシッと手を掴んで「がんばってな」「頼むで」などと言ってくれる方がいる。恥ずかしくて仕方がないのだが「本人です」という幟を持たされて、これが効果的。女性の場合「あれ？」という顔をして、しばらく考えてぱっと破顔。握手をしてくれる人も。

誰しもが言うのが「顔変わったな」。髪を染めたのが最大の理由だ。「太ったんちゃう？」と言われるかと思えば「痩せたやろ」とも。実際は、ボクシングの練習に行けなくなったせいで、体重はかなり増えたのだが、人の感覚とは面白いものだ。

長田区に移動した。阪神・淡路大震災で甚大な被害を受けた地区だ。復興は進み、立派なビルが立ち並んでいる。とりわけ威容を誇るのは区庁舎である。地元の支援者の案内で商店街を回った。店の奥から出てきて握手をしてくれる方々が多い。長田神社前商店街、新長田の商店街、と回る。商店街の復興には行政からの補助金がかなり流れ込んでいるが、どこにどう使われていて、実際にそれが効いているのかという検証があまりなされていない。企業では当たり前の「費用対効果」が欠落しているのだ。

これは以前から私にとっては不思議きわまりないことで、補助金とは人々の税金を使った「投資」である。その投資によってどれほどの「利益」が上がったかは、一つ一つについて検証して「株主」たる県民に報告するのが当然ではないのか。なぜなされないのか。それは「やめる」ことが怖いからだと私は考える。補助金などをやめた場合「うらみ」を買う。うらみは、票の減少につながる。だからダラダラと垂れ流し続けるのだ。

株の投資の連載をずっとしていた私は「損切り」の難しさを痛感してきた。しかし「損切り」をしてキャッシュに戻さなくては、次の投資は出来ない。ひどい場合はそのために借金をする。兵庫県の財政の現状の本質はここにあると私は感じ始めている。「損切りをする勇気」がない行政が16年間も続いているのではないか。「損切り」をするチャンスは「政権交代」の時である。しがらみがないからだ。個別のケースでは摩擦も起きるだろうが「県民益」を考えると、その勇気を持たなくてはいけないだろう。

板宿商店街に移動する。中心街はとても賑やかだが、しばらく行くとだんだんと寂れて来る。商店会長の方々が案内して、店主たちを戸口まで呼び出してくれる。私ごときに、何とも親切なことであり、神戸の下町というべきこのあたりの人情を感じた。付近には縦横に商店街が通っている。自分がどこにいるのかわからなくなるほどだ。商店街を歩いて疲れたと感じたのは初めてであった。

最後はＪＲの六甲道駅頭に立った。帰宅する人々を待ち受けようというのである。ここで、異変が起きた。住吉駅、西新中央駅、名谷駅や学園都市駅などで駅立ちをしてきた。だんだんと状況は良くなってきてはいた。理由はわからない。私の行動はどこも報じていないのだから。人々に何かが影響を与えるとすればＳＮＳくらいしかない。

ところが。六甲道駅では、爆発的に人々が私の方に押し寄せてくれたのである。ツーショットを撮りましょう、とずっと呼びかけているのだが、ここではなんと、行列が出来た。あるいは帰宅するらしき紳士たちが、通りすがりに、ガシッと私の手を握っていく。それどころか。ボランティアをしたいという女性も二人も現れて、高橋「ヨロン」茂さんは、ビラ配りの手を休めてその対応に忙殺された。

２０１７年５月22日

昨日は神戸まつりの2日目、10時に事務所に集合して、さまざまな雑用があったので11時にようやく出発する。三ノ宮駅の南側はすべて車が入れなくなっていて、真ん中が、名物のサンバを踊る集団が通過する花道となっている。これが鬼門で、会場となっている地帯を移動するには、あちこちで遮断されていて大変なのだ。その中を、お祭りの邪魔になってはいけないので、メガホンも幟もなく、スタッフ数人と歩いていく。

こうやってきて、私の感じる寂しさはいろいろだ。テレビで多少、顔を知られていることを売りにする寂しさは、かなり私の心をむしばんでいる。でも仕方がない。勝つためには。スタッフが「テレビでおなじみの」と呼びかけるたびに、私は壊れていくのだが、頑張ってくれている彼ら彼女らには感謝しかない。そのあと「あ、あ、あ」という反応が来る。私の名前など、誰も覚えていない。でも「テレビに出てはる人や」。これで充分なのだ。今やっていることとしては。

「本を読みました」という方には、ほぼ出会わない。ときおり稀に、昔の本を持ってきて「サインください」と言われると、その日の疲れが一気に抜けるような気すらする。

大変だった。突入したものの、まったく自由に動けない。「神戸まつり」を仕切っているのは兵庫県警であることがよくわかった。ご苦労さまです。出会った読者と写真を撮るにも「立ち止まらないでください」だもの。祭りというのは自由に動くというのが基本で、それが出来ないのは困る。

ここにも兵庫県の「旧態依然」があるのだと痛感した。今どき、もっとスマートなやりかたはいくらでもあるはずだ。サンバも企業の山車もそりゃいいだろう。けれども、座ってそれを延々と待ち続けて外側は人ごみで動けないということをもう何十年も続けているのは、どうなのかな。これは兵庫県の一つの象徴だと私は感じた。「変えない」「変わらない」のであって、トップがそうなのだから当然なのだが、それを有権者のみなさんが許していてはいけない。

2017年5月23日

尼崎市。

どきどきした。生まれ育った地での講演会に、どれほどの人が来てくれるのか。すかすかだったらどうしようか。はたしてアルカイックホール・ミニは満席であった。小さなホールとはいえ、２００人ほどは入る。椅子が足りなくてスタッフが慌てて予備のものを並べた。

喋りのあと私は、質疑応答を必ず入れようと心がけている。これはかなり自信と勇気がないと出来ないので、偉い地位におられる方は、まず避けるだろう。最近はメディアが失言にうるさいしね。その場で対応出来るのは、生放送で鍛えられた私ならではなので、出来るだけやることにしている。だが、昨日はおせおせで、ちょっと短くなってしまった。

このホールはまことにクラシックで私は好きだ。幟を立ててマイクを握ると「弁士注意！」という声が特高から飛んで来そうな雰囲気がある。スタッフもよくわかっていてくれて「明るく楽しい講演会」だ。えっ？　設営をする方の身にもなってみろって？　私だって台車押したりいろいろやっていますがな。だがむしろスタッフは「休んでいてください。あなたの身体が第一なのだから」と気づかってくれる。それが、出来ない。貧乏性なのだ。みんなが動いているのに、私だけが座っていることなど、とても。

終えて、出口で来場者を見送る。握手をする。熱烈な想いが伝わって来る。どれほどの人から「お父様にお世話になった」「あんな優しい先生は見たことがない」と声をかけられたことであろう。医者になれずに、父の志は職業としては受け継げなかったが、地域に対する想いは別の形でやれるのではないかと嬉しかった。「役者と新興宗教の教祖と政治家にはなるな」と言い遺した母も、父と一緒に「やっぱりやらかしたよ。馬鹿だねえ」とあちら側で爆笑しているのではないだろうか。

朝の7時からはまさに地元のJR立花駅の前に立った。市議会選挙がまもなく告示なので、各党の候補者もおられる。そこに混ぜていただく。あまり乗降客が多い駅ではないが、よくチラシも受け取ってもらえた。

尼崎市議選とのかぶりにはときどき笑ってしまうことが起きる。私が市議選に出馬すると誤解する有権者が多いのだ。ああ、それだとどれほど楽か、と切なくなる。懸命に市議選を戦っているみなさん、ごめんなさい。いや、ただの規模と金の問題であって。市議選なら健闘する自信はあるぞ(笑)。でも疲れて来ると、自分でもわけがわからなくなって「今度、県議選に出る予定です」と、どこぞの商店街で言って、横にいた高橋「ヨロン」茂さんに「アタマ治した方がいいよ〜」ともっともなことを言われた。

アルカイックホールには、読者も何人かおこしになったが、彼らの目当ては私よりもヨロンさんで、なんと「写真撮ってもらっていいですか」と立候補予定者を差し置いて、彼とのツーショットを望む人も。ヨロンさんもああいう性格なので、喜んでいる。「迂闊屋、面白いです」とか言われるし。なんだか軒を貸して母屋をとられたような気分だが。

8時半から駅近くの瀬尾クリニックの待合室で話をさせてもらう。

兵庫県医師会はガチガチの縛りにあって、他の業界団体と同じく、公式には現職支持を打ち出している。その中で、自分のクリニックの待合室を私に提供するという瀬尾達先生。「義」というほかはない。他にも、地元のドクターたちが続々と私の支援を申し出てくれている。医師というのは元々一匹狼なのだ。組織で縛れるものではない。医師会の最高幹部もなさった、ある先生は拙著『獺祭 天翔ける日の本の酒』（西日本出版社）を大量に購入してくださった。「これを知り合いの病院に配って、待合室に置いても、医師会は文句よう言わんやろ」。またまた「義」である。別の大きな病院の院長先生は、奥様をボランティアとして送り込んでくださっている。いかにも育ちのいいお嬢様だったことを感じさせる方で、そういうことだとしばらくして知った私は恐縮した。

私の政策の柱の一つは県民に対する医療の充実である。こうして応援してくださっている人々は、強力なブレーンともなる。もちろん今「独裁政権」下ではそういう立場をとらざるを得ないと同情する、医師会とも緊密にやっていきたい。「兵庫県に行けば安心だ」と全国の高齢者などに思っていただける場所を創るのだ。

阪神尼崎駅から商店街を歩く。アマでもっとも賑わっている地域だ。阪神タイガースのマジックを開幕から表示し続けることでも知られている。

これから全土を回る手配のために手がとられていて、私とヨロンさんとボランティアのイケダさんの3人しか外に出ることが出来ない。全員、私と同じ年頃。ようするにおっさん3人が練り歩くわけで、華のないことおびただしい。メガホンはヨロンさんが持つ。国政の中枢に近い議員たちのお世話をしている世論社社長が「え〜、テレビでもお馴染みの…」などと言って歩くのである。このフレーズ、好きではないのだが、振り向いてもらうためには仕方がない。さすがに地元だけあって、立ち止まってくださる方は多い。立ち止まるだけではなく「頑張ってな」のひと言をほとんどが添えてくれる。

駅から伸びる商店街と、それと交差するもう一つの通り、その間の小さな道などをしらみつぶしに歩いて行く。神戸もだが、とにかく、歩く、歩く。少年時代の巡検、六甲山全山縦走から始まって、戦場から辺地まで歩き続けてきた人生だが、まさかこういう歩きをすることになるとは。だが、徹底的に、愛する兵庫県を足の裏で味わってやる。

酒蔵が並ぶ灘に寄った。ご迷惑をかけるといけないので名前は伏せるが、日本を代表する大手の蔵の社長である。日本一の日本酒出荷県である兵庫県に対する私のプランなどで大いに盛り上がった。これだけ日本酒について書いてきた私がハタと膝を打ったのは「灘の酒は地元兵庫の料理ではなく、江戸のそれに合っているんですよ。呑まれていたのは江戸なんだから」という指摘だ。なるほどねえ。しかも船の中で揺れてこなれて旨くなる。と全国を制覇している銘柄のトップとは思えないことを鷹揚にいわれる。あやうく、どこかの雑誌で日本酒の取材を頼まれたような気分になった。またええ原稿書けますぜ。

2017年5月26日

今日は講演会を3発。散発ではない。3連続だ。普通の商業的な講演ではあり得ない。もう何が何だか。次は新温泉町。

最後は豊岡市。

豊岡市には、あの団鬼六賞作家にしてバスガイドの花房観音さんが駆けつけてくれる。これが私にとって応援になるのか鬼門になるのかわからないが「明るく楽しい選挙戦」としては、まあいいでしょう。来てくれる理由は、彼女の故郷だからだ。観音さん、感謝！　呑もうね。

昨日18時、西宮の講演場に入る。400人収容のホールで、どきどきする。20人くらいだったらどうしようか。杞憂であった。さすがに満員とはいかなかったが8、

9割の入りだ。何よりも熱気がすごい。いつものように、演説が終わると、私は出口で待ち構える。ことごとくの方々が握手をしてくれる。ひと言をいただく。「頑張って」「変えような」「広めるで」。これまで取材者としてもいくつもの選挙を見てきたが、こんなことはまずない。黙ってペコリとお辞儀をして出ていく聴衆が多い。「動員」をかけられた人たちなのだ。私は「動員」を一つもしていない。みんな、私の告知を見て、大切な給料日あとの、私のような酒好きならば、まずは呑みに行きたい(笑)夜にわざわざやってきてくれた方々なのだ。酒呑み的感謝だ。

灘校の同級生も二人、来てくれた。二人とも医師であるが、彼らとの会話がそのまま私の政策に加わっていく。元々医療は勉強してきたが、兵庫県の現場で医局の崩壊とそのあとの県の無策を現場で見ているわが知友たちの意見は重い。県の医政をやっている方々におかれては、兵庫県における灘の医師ネットワークを舐めるなよ、だ。「証拠」を私は蓄積している。

終えて出口の外で挨拶をしていると「シアトルから命じられて来ました」という方が微笑した。わが秀逸なる国外工作員が起動したのである。もうなんだか応援団は全世界。この日来てくれたわが同級生の一人は、かつて私と一緒にシアトルのワシントン州立大学に、二人で短期の勉強に行ったパートナーである。いろいろなことが、半世紀を生きて、収束しているのは、悪くはない。

逆風

2017年5月27日

豊岡市。

ホテルから出ると、ぶるっと身体が震える。改めて私が今相手にしている兵庫県というものの巨大さを感じる。昨日の昼ごろで、中南部の西脇市では26度で汗ばんでいたのに、一気に北上した浜坂では15度だった。今朝の豊岡はもっと寒いだろう。南においては夏の背中が見えているのに、北ではまだ冬の残滓《ざんし》がそこここにある。北上して来る途中で目に入る看板はいずれもスキー場のものだ。但馬は豪雪地帯と言っていい。浜坂の講演会場の窓から、駅の退避線に停車しているラッセル車が見えた。

つい3カ月ほど前にこのあたりは豪雪に襲われたばかりである。

車も孤立したのではないだろうか。地元の人の話は、雪がない瀬戸内側に住む私のような人間にとっては新鮮で、参考になる。ラッセル車、そうは動かせないのだそうだ。はじいた雪が並走している国道に飛ぶので、今度は車が動けなくなる。雪国ならではの悩みであって、私はそういうことも考えていかなくてはならない。大県を扱うというのは大変だなあ、と改めて実感する。

早朝、神戸のホテルを出て、西脇市に向かって疾走した。今回、同行するスタッフが少ない。会場の設営が出来るのか、責任者であるマネージャーのT―1君が心配している。とはいえ、ボランティアの方々が駆けつけてくれているのは心強い。私ごときのために、泊まりがけで県北まで行ってくれるのである。

西脇市の会場に到着したT―1君は呆然と立ちすくんだ。ただでさえ時間も働ける人数もギリギリなのに、私たちの前に現れたのはがらんとした空間だったのだ。「多目的ホール」なので当然であって、講演をするためには聴衆に座っていただく椅子を並べなくてはいけない。すぐに総員で取りかかる。折り畳み椅子を積んだ台車を引き出して、椅子をおろして並べるのだ。一方で、幟は立てなくてはいけないし、受付も必要。演題の私の背後の、講演テーマの大きな紙も貼り付けなくてはいけない。これらすべてが、わが有能極まりないスタッフたちの分担によって行われていく。私が出来るのはよろよろと椅子を並べることくらいだ。他のことを少し創造的にやろうとすると「邪魔だから、うろうろしないで座っててください」とT－1君に叱られる。なにしろ成年ＡＤＨＤである。

座っていろと言われて出来る私ではない。幟を立てる台を運んだりしていると、最近ようやくやってくるようになった記者が「候補（正確には候補予定者）が自分でそんなことをやっている陣営を初めて見ました」と驚いている。「絵と話になるでしょ？」と笑ったが、見せたくてやっているのではない。開演時刻に間に合わせるために必死なのだ。

１時間あまり、いつものように話をした。そのあと撤収なのだが、次の会場である新温泉町まで、予想していたよりもはるかに遠い。焦りがある。椅子をもう一度すべて私たちの手で片付けなくてはいけないのに、間に合うか。すると高橋「ヨロン」茂さんが、マイクを握っておそるべきことを告げた。「すみませ〜ん」いつものヌルい口調だ。「ちょっと時間が押していて困っています。もし出来る方は、ご自身で椅子を運搬車の近くまで持って行ってもらえませんか」。

私は演壇から転げ落ちそうになった。有権者にお願いして来ていただいている場で、誰が後片付けを頼むであろうか。「市民派」の集会ではなくはないが、私はそうではない。あくまでも自分の責任と自分の金ですべてを処理しようとしているのだが。ヨロンさんは「市民派」との付き合いが多いので自然に言葉が出たのかも知れない。ちなみに、参加してくれているボランティアにはバリバリの民族派も多いが、うちではいわゆる右も左もみんな仲がいい。つまりは「愛国者」であり「愛県者」なのだ。まさに挙国一致。挙県一致。戦前の理想を私は具現しつつある（笑）。

やってくださったのである。聴衆のみなさんが椅子を持って片付けてから退場してくれる。そのあと出口で私の手をガシッと握ってくれる。私は見ていなかったのだが、言い出しっぺのヨロンさんが、そのあとの移動の途中でハンドルを握りながらボソッと呟いた。目に光るものがある。「80歳くらいのおばあさんがさあ、椅子を自分のだけではなく二つも持って、懸命に引きずって片付けてくれているんだ。この勝負、勝たなきゃダメだね」。伝説の安曇野の軍師が、自分が言ったことで、どうやら本気モードに入ったようだと助手席の私は感じた。

安曇野の軍師は自称「安曇野の狼と言われた走り屋さ」だ。交通法規は守りながらも（書いておかなくちゃ）最速の運転で新温泉町に到着。間はほぼ山道で、信州でさんざんハンドルを握ってきたヨロンさんにとっては、むしろ嬉しいコースなのである。それでも、新温泉町の浜坂の会場まで2時間半かかった。ギリギリである。

新温泉町とは聞き慣れない自治体名であろう。「平成の大合併」によって、こうした場所がたくさん出来てしまった。私はずっと反対してきた。但馬を歩くと、地名を殺してしまった場所がたくさんある。新温泉町も、そこにある温泉や港の名前を聞いた方が、兵庫県人だけではなく、全国的にも「あそこか」と思うのではないか。

名作『夢千代日記』で知られる名湯、湯村温泉が新温泉町にあるとわかっている日本人はそういまい。さきほども触れたが、但馬における合併による地名の消滅はまことに残念だ。私がやれるようになったら、行政的区分はもう仕方がないにしても、市町村の名前は復活したいほどである。こういうのが「教養と哲学があり言葉を識る」知事の仕事であって、一つ一つのしょうもない利権に介入している場合ではないのだ。「それで名前が消えるのは惜しいなあ」と、「権力」は行使しなくとも教養という「権威」でひと言だけでも言えるかどうか。私はかくありたいと考える。

小さな集会所だったが、熱心な方々が詰めかけてくれた。終えて外に出ると、小さな写真館があって、そこの店主がわざわざ出て来てくれる。デジタルの時代、地方の写真館ほど辛い商売はない。東京で写真家をやってきたものとして、ひとしきり話すと、とても喜んでいただけて、私も嬉しい。私の畢生《ひっせい》を賭けてのグランドツアーは横軸にさまざまなわが郷土があるが、縦軸にこれまでの私と同じ人生を生きてきた人々の時間がある。拙い生を終える前に、かかる試みを出来ることは幸せと言うほかはない。

3つ目は豊岡市であった。兵庫県の北の県都と言うべき地だ。

豊岡の市街地に入る前に、城崎温泉に寄った。全国の温泉地の中でも、洒落ではないがもっとも「ホット」と言われている場所が、兵庫県にあるのは頼もしい。ご存じのように志賀直哉の『城の崎にて』の舞台だ。

いっときここは、全国の「団体旅行ではやっていた」温泉の凋落と同じ傾向を辿っていた。ところがここ数年、猛烈な意識改革をして、先年は日本でもっとも優れた温泉に選ばれている。温泉街に入ってすぐにわかった。折しも夕刻であるが、そこここに浴衣で散歩している人々がいる。旅館のそれではなく、意匠が一つ際だっている。それが「風景」を形作っている。旅の文章のプロとしては「出来ろな」と感動し、これから兵庫県をやって行く立場としては「宝物を見つけた」という感触であった。

仕掛け人に会う。上の方の人にいじめられるといけないので名は秘するが、やはり私と人生のあちこちで重なっている。今回、みんなそうです。「上がアホで居座っているから、そろそろボクらがやらんといかんか」的な感覚。「旅による地方創生のプロ」を自認する私のツボにぴったりとはまる。城崎温泉の再興は当然と考えられた。

またも滑り込みで豊岡市の中心部にあるホールに。大人数の席数なので6割ほどの入りだが、みなさん熱心だ。

2017年5月28日

姫路市。

日本海側に行っていたグランドツアーは、一気に今夜泊まっている瀬戸内海沿岸まで下がってきた。グランドツアーという表現、ここで使ってみたが、実は私は気に入っている。元々は近代の初頭にイギリスの貴族の師弟などが地政学を頭に入れるために欧州諸国を、家庭教師や執事などと巡ったことを言う。なんだか似ている。こう言うと上から目線のようでお叱りを受けるようだが、かなり知っているつもりだった兵庫県を、実際に歩いて私は学び直しているのである。

昨日は香美町から始めた。豊岡市のホテルを出て小さな集会場だ。それでも多くの方が集まってくれた。私は言われるままに会場に行って話をしている。それが長くなることを、高橋「ヨロン」参謀長が危惧している。だって、そこまでに歩いていて学習したことや、現地に来て学んだものを入れて話をしたいのだもの。講演もそうだが、多くの方は「同じことを話す」らしい。私はいつものように、その場その場でアドリブで提言をする。

今回の講演では、だいたい、なんとか会館という公共の施設をお借りしている。私はそこにある配布物にすべて目を通して、同居している自治体の部署があればご挨拶を兼ねて、話を聞きに行く。多くは県のあの方の「部下」であるので、ちょっと、戸惑っている。ところが、講演を終えて、まさか聞いておられるわけではないだろうが「ありがとうね」と訪ねると、握手をしに出てきてくださったりする。なるほどなあ、と感じるのである。


香美町でも席の半分ほどは埋まった。私はいつもながらここでは正直に書く。丹波方面や阪神間では席が足りないほどだったが、日本海側に出ると、来てくださる方はあちらに比べて、少ない。だが、それがどれほどの勇気を伴っているかということを、長野県で田中康夫さんの選挙でやったことで知っている。拙小説『水のゆくえ』に書いた。

小説の中では、集会に来る村人を棒でもって追い払う勢力の存在を書いている。田中康夫さんの選挙の時に、実際にあった話だ。今回は、もちろんそんなことはないし、あれば私の思うツボなのだが、やはり小さな地域社会の中から、私の集会に出て来てくださる方の勇気には感謝するほかはない。

終えて長く契りを交わしている「大旦那」のもとに寄った。名前は書かない。政治ではなく、経済活動で地域を本当に支えている人々の一人だ。今回、あちこちで同じような久しぶりの出会いをしている。地域の「大旦那」のもとには現職様から血盟状が回ってきていて参加せざるを得ない。私は素浪人としてそうした人々と出会い、いろいろと助けてもらってきた。しかし、迷惑をかけるわけにはいかないので、こそっと会うのである。坂本龍馬や高杉晋作を支えたのは、かかる人々であった。私はそうしたことに自分を擬するのは大嫌いだが、さすがに「義」を浴びる時、感動せざるを得ない。

次は養父市。会場は、可能ならばT－1君が実際に事前チェックに行っている。大変な苦労だ。だが養父市については、さすがに実際に見ることはなかった。

何台かのコンボイで行っているのだが、会場に近付くにつれて、スタッフの間で動揺が広がった。山の中にどんどん入って行くのだ。まるで山城に向かうように、そここにとんでもなく大きな施設が現れる。「県立」なので、県民の金が入っていることは間違いない。

「兵庫県立 但馬長寿の郷」

周りに何もない山の上に、もの凄い施設がある。借りたホールを見ると、あまりに広い。椅子がないのには慣れているのでスタッフはたちまち、椅子並べに動き出す。このあたり、もはや完全に軍隊だ。軍事を知るものが率いると…「誰が率いているんですか。ただ、ぼーっとしているだけやないですか」。本当に率いているT-1君のクレームだ。だが、その彼も呆然として「前の方に、10個くらい椅子並べて、車座集会にしましょうか」と。こんな山の上のトンデモ施設まで聴衆がやって来るとは思えない。

ところが来たのである。100いくつかは椅子を並べたかな。そこにははるばるみなさんがやって来てくれた。スタッフが準備をしている間、私はこの巨大施設を見て回った。これが、すべての市町（兵庫県には村はない）をお訪ねする今回のグランドツアーのいいところだ。私は走りながら学習する。

この施設、いくらかかったのだろう。事務所に施設概要の資料をお願いすると「切れています」とのこと。現場の彼女が悪いのではないよ。よく対応してくれてありがとう。「これだけ県民の税金を使ったのだから（県立だからね）これだけの効果があった」と報告するのが行政の基本である。それが兵庫県にはまったくない。

設営が始まったころに、駐車場に一人のかなりご高齢の紳士がおられた。地元の基幹病院の小児科を長く支えて来られた医師であった。「もうすぐ、崩壊します」。先生ももう辞められた。身体が続かないのである。私はずっと医療フォーラムなどを尼崎市を中心にやってきて、兵庫県の医療についてはかなり知っているつもりだ。医師会は公式にはあっちを向いているらしいが、先生たちは続々と私にメールをくださる。「なんとかしてください」。その先生はずっと最前列で私の話を聞いてくださった。

なんとかしなくてはいけない。厚労省は「医局制度」を壊した。しかしスクラップしながらビルドはしなかった。無責任である。私は県単位でそれをやるつもりだ。講演を終えて、スタッフがまた土方仕事をしている。片付けだ。

駐車場で出会った医師のことも頭にあって、講演ではずいぶんと医療の今後について話をした。片付けでは私は戦力にならないのだが、駐車場で積み込みをやっていた時のことだ。車が猛スピードで飛びこんできた。私は咄嗟に遮蔽物を取る。いちおう、そういう出来事も考えているので。すると白衣をまとった女性が降りてきた。「さきほどのお話、うちの院長も聞いていましたの」と地元の大きな医療拠点の名刺をくださるのである。間違っていなかったと思った。拙説は。

2017年5月29日

姫路市。

誇大妄想のわが軍団は、とんでもないホールを借りる。今日も1000人を超える席がある。月曜日の朝ですぜ。サザンやももクロならともかく、私の話などを何人が聴きに来てくれるのか。

市川町、加古川市と集会で演説をした。どちらも聴衆は、まあ、席の半分かそれ以下かな。マネージャーのT-1君が滑り出しのころに立ち見まで出たので喜んで、大きなハコを押さえてくれたのだが、こんなものだろう。「大は小を兼ねる」のである。昔から言っているが「視聴率よりも視聴質」だ。革命はいつも少数から始まる。

休日のこんな時刻にわざわざ来てくださった方々の想いはまことに強い。合間に駅前とか、イベントの会場にも出かけて行ったが、多くの方々が寄ってきてくれた。

まことにややこしい人生を遊んできたが、こういうことをするのは初めてであって、楽しくて仕方がない。

2017年5月30日

尼崎市の自宅。

日本海側から瀬戸内へ、そして中部を回る長い巡礼から戻ってきた。県北をすべて回って、いささか気持ちが落ち着いた。あちらは現職の牙城であって、そのこともよくわかった。それでも、人目をはばかるように、私に会いに来てくれる方々がどれほどいることか。私は世界各地で「革命」を見ている。李英和さんは、私がとても懇意にしている学者であり、革命家だが、彼の著作は、タイトルが今の私の立場を語っていてくれて楽しい。

『北朝鮮　秘密集会の夜　留学生が明かす「素顔」の祖国』（文春文庫）

県北の集会はなんだかそういう雰囲気であった。秘密警察がいないだけ日本国はいいかなと。その中で、席が半分しか埋まらなくても、来てくれる方々の瞳に宿る覚悟よ。繰り返すが、私は世界各地で「革命」を見ているのである。最初はフィリピンの「黄色い革命」だった。革命のあとのことである。レストランにはバンドがよく回ってくる。そのときに「バヤンコ」を私はいつもリクエストした。愛国の歌、抵抗の歌だ。

今、やや悩んだ。兵庫県をやっていると「愛国」と「愛県」とは何かと考える。こんなことをやらかしている自分の人生は何か、とも考える。だが、なにか一つ一貫はしている。もうこんなに自分の歴史の一つのことになってしまったか。私はまあ世間で言うと華やかな世界にいて、自分の戦いの原点であるフィリピンに行ったのであった。その時、こういうことを書いた。もう8年も前だ。

バンドが私のところにやってきた。「バヤンコを」と頼むと、あたりが粛然となった。昔の対立のもとの緊張感あふれる粛然ではなく、それは追悼の気持ちに溢れたものだった。まさに「バヤンコ」が捧げられていたフィリピン民主化の母、コラソン・アキノ元大統領が亡くなってからまだ2ヵ月にならない。

♪Ang bayan kong hirang, Philipinas ang pangalan/Perlas ng Silangan sa taglay niyang kariktan

サビの

♪Ang bayan kong Pilipinas lupain ng ginto't bulaklak

「わが祖国、フィリピンよ」」

のところで涙が止まらなくなった。あの黄色い革命から今に至るさまざまな出来事が思い出されて泣いてしまった。それはフィリピンについてだけでなく、自分に起きたさまざまなことも含めて。一人でふらりとやって来た日本人の中年男がいきなり泣きだしてバンドも店の人たちもびっくりしただろう。隣のテーブルでは日本人の初老の男が二人のフィリピーナをはべらして下品な会話をしているが、何の曲なのかもわからないでいる。

袖で顔を拭って恥ずかしくて視線を外したなら、泣いていた。店のマネージャーたちが、である。気がついてこちらを向いてニカッと笑ってみせた。そして指で「L」の文字を作って、高々と掲げたのであった。

今、兵庫県を歩いているそれぞれの集会でも私はフィリピンの話をする。世界中の現場を実際に見てきた人間としては、そうしたことを伝えたいのである。北朝鮮だのフィリピンだのを持ちだされても、きょとんとされる方が多い。でも、そういう奴こそ、世間というものを一切知らない人物が居すわるよりもきちんとしたことをやると考えて欲しい。いや、そう思ってもらえるかどうかだな。

音楽というものは人の心を一つにする。北朝鮮の拉致犯罪に巻き込まれた同胞を救出する集会では、必ず最後に「ふるさと」を歌う。日本人の原点、琴線に触れる歌だ。先日、ある会場でたまたまピアノがあったのでそれを弾いて、集会の最後に、犯罪国家に拘禁されている私たちの同胞を思って「ふるさと」をみんなで歌った。

「バヤンコ」で人々は一つになる。同じく「ふるさと」は私たちの心の中から、同胞を奪還しようという気持ちを呼び出す。今ほどメディアが発達していなかったころ、音楽と文学はそうした力を持っていた。ショパンが祖国ポーランドへの想いを曲に託したことでもわかるだろう。

朝来市のホールでYAMAHAのグランドピアノを、舞台の袖で発見した。鍵がかかっていたが、管理人の方に頼むと、すぐに貸してくれた。「調律していますから」と言われたが、やや絃によっては四分の一音ほどずれてはいる。問題ではない。話を終えた時にはピアノの存在をすっかり忘れていたが、辛うじて何かあったなあと。というわけで、舞台袖で聴衆の方々からは見えないままに「ふるさと」の伴奏をして、みんなで歌った。拉致された兵庫県民である有本恵子さんを救うことを願って。

知事というのは行政官であるので、外交にはほぼ関与しない。

だが、知事にも出来ることがある。あらゆる場所で、県民の一人がさらわれているということをアピールするのだ。今、なされているか？　いない。

ピアノを朝来市はタダで貸してくれた。前回もそうだ。ありがとうございます。舞台袖で弾いたので、まさか私がホントに、とは思えなかったかもしれないが、沸き起こった合唱のあと、拍手となった。私ごときの稚拙な伴奏にではなく、歌えた自分たちへのそれであると感じた。やっていきます。兵庫県は、拉致された同胞をとにかく取り戻す。かかる極道国家に対して、一切の妥協をしない。こういうとヘイトとまた叩かれるのかな。でもあちらの方々に「兵庫県は厳しいからね」と言われるならば本望である。

前回弾いた時のことであるが、会場から出てきた女性が、涙を拭えなかったとスタッフに言った。嬉しい。そうした気持ちが、有本恵子さんを奪還することに通じるのだ。


福崎町、朝来市、で話をした。

ここのところ「素晴らしい市町村」的なことを書いている。断言しておくが、本当に全国、全世界を回っている私が驚いているのだ。「こんな宝物があったのか」と。ところが、県としてはどの程度わかっているのか。先日の城崎温泉で触れたように「全世界に発信するべき」ことである。おそらく、知事の現職も、その下にいる本来は優秀な職員の方々も、まったく自覚がない。知らない。わからない。もったいない。

明日へつなげるべく書いておくと、福崎町は柳田國男先生の生誕地であって、それを補うさまざまな試みをしている。

朝来市はねえ。まとめて市にしてしまったのが惜しいほどにそれぞれの地区に個性がある。私の兵庫愛の原点は実はここだ。小学校4年生の時に、郷土について学んだ。その中に「朝来群山県立自然公園黒川渓谷」というものがあって、私の両親は「実際に見に行こう」と車を飛ばしたのである。当時は本来ならば一泊をするべき距離であって、深夜に家にたどりついた時には疲労困憊していた記憶がある。「兵庫って凄いな」と心から思って、それが今につながっている。

朝来市は、まさに私がここで提言しているようなことをやっていて、要するに、県はその重要性を知らずに、世間に向けて広報もしていないわけだ。頑張っている市町に申し訳ない。不肖、私の利用価値はメディアのピエロであることも一つだ。これでやっと半分ほどの市町を巡ったが、もうお宝だらけ。構成作家に戻って、そのあたりの番組でも作ろうかな。それほど、兵庫は素晴らしい。

講演ではいつもヨロンさんが「寄付をお願いします」と前説で言うのだが、これがなかなか恥ずかしい。私がそうしたことに慣れきれていない部分の一つである。何かを改革しようとすることに政治が絡んでくると、日本人はどうしてもそこに金を出すことに躊躇する。私はよく理解出来る。

口座の管理はヨロンさんに任せているのだがそんな中で「弟さんから寄付があったよ」と昨日、言われた。100万円いただいたのである。ありがたい。これはしかし、父の志を継いで地域医療を何よりも大切にしている、弟を通じての、わが家を支えてくれた地元の方々の志であると私は理解している。

日本中、世界中から轟く足音が聞こえて来る。繰り返すが、多くの革命やクーデターの現場を私は見てきた。近いものを感じるが、まだまだ。これからだ。頼むぜ。

教養と哲学と覚悟

2017年5月31日

今日は集会もなく、出来れば辻立ちもやめて執筆に専念したい。辻立ちは言葉をもたない候補者でも出来るが（失礼）言葉で作品を仕上げるのは私にしか不可能だ。これまで、県内巡礼を繰り返してきて、そこまでなかなか出来なかった。ちょっと足を止めて、やれることをやっておきたい。政策の発表は6月に入ってからを予定している。私の巡礼に同行しているのを前線部隊とすれば、銃後を護って作戦を練る部隊は別にいる。兵庫県政に精通した精鋭だ。私の意図を受けて、そのユニットが政策を練り上げている上に、私は作家としての言霊を加える。最強というほかはない。おっと、あまりこういう自慢はしない方がいいか。

人生の財産をこのあたりで使うというのは、まことに愉快な選択をしたと、自分で褒めている。金としての財産もそうであって、墓場まで持ってはいけないので、使ってしまうのがよろしい。だが、なによりは「ひと」である。世界の各国にはそれぞれの英雄譚があるが、それを見るように、さまざまな人々が世界中から駆けつけてくれている。いずれも、私のショボい人生の中で何かのつながりがあった方々だ。これからだんだんと見ていただくことになる。私が逆の立場だったら、と考える。何ごとをおいても、駆けつけるであろう。「愉快」だからだ。

私はいつも「良民常民」という言葉を使ってきた。「常民」という言葉を初めて産んだ、柳田國男先生の故郷を訪ねたのも何かのご縁かとすら思う。良民常民の方々は、私にとってはウェブの先、テレビのカメラの先、本の紙の先の存在だったのだが、今目の前で毎日多くの方とお目にかかっている。これでいいや、と思う。一方で、戦は勝たなくてはいけないと自分を鼓舞もする。ともあれ、やってよかったと考えている。「今の若い人たちはリアルを知らない」などと書きながら、私もそうであった。握りしめる手の熱さを知らなかった。

ずっと、だいたい一日に3カ所での集会というスケジュールをこなしてきた。たいがい選挙では候補者は何十もの場所でやるらしいが、それは5分ほどの話である。私はだんだん延びて、ほぼ一時間、話す。知事に必要なのは知識や利権や談合や恐喝ではなく（現職、ごめん）たった三つ。教養と哲学と覚悟、だ。威張ったものである。自分にそれがあると誇示しているのだから。だから「どこどこにナニをします」とは話さずに、私という人間の成り立ちと頭の中にあることについて、それぞれの場所で、まったく違うことを話す。票を集めるためには不利かも知れないが私は「利」ではなく「義」でありたいと考えているので。スタッフは困っている。20分ほどの話を予定していたようだ。それがだんだんと長くなっている。

「利」と「義」について書いた。私はいつも旅にはその地にあった本を持って歩くのだが、今回は司馬遼太郎先生の『播磨灘物語』（講談社文庫）であった。すり切れるほど読んだ作品だ。

巡礼していく地が、ことごとくこの物語の舞台である幸せはどうであろう。司馬さんの慧眼がいかに優れているかを、私は風土を見て、あらためて確認するのである。何巻かある文庫本を惜しむように読んでいた。こんな立候補予定者も少ないのかも知れない。普通のこういう立場の方々は、かかる時には電話での票固めに必死になっているのかな。私はずっと本を読んでいる。もっとも、ただの愉しみではなく、今から訪ねる場所について司馬さんがどう叙述しているかを、興味をもって調べているのだ。そんな中、福崎町へ向かう車の中であったか、ハッと姿勢を正した。「義」が私たちのTシャツの背中にある。その文字が目に飛びこんできたからだ。

竹中半兵衛というのは、私がもっとも愛する歴史上の人物の一人である。かくありたいと考えてきた。美濃の地侍であった彼は、斎藤道三のもとでは愛されていたが、愚物の息子、竜興の代になって、領主とその側近からの「いじめ」にあっていた。何をしたか。口舌で闘うことをせずに、その頭脳を用いてするすると少人数をもってして竜興の居城の稲葉山城を乗っ取ってしまったのだ。しかも、仰天した竜興に、すぐに城を返している。このあたり、今回の私の気持ちに似ている。やらかすことが大切であって、とはいえ、私の場合は県民に責任を持つのだから、県庁を明け渡すわけにはいかない(笑)。何かをしなくては、コトは動かないのだ。それに命を賭けることが出来るか、どうか。私の記憶では、司馬さんはこの時の半兵衛と織田信長とのやりとりをこのように書き残していた。

稲葉山城を奪った早々、尾張の信長がおどろいて、ぜひ自分にその城をくれ、あなたには美濃半国を与えるから、といってきたのを、半兵衛がことわり、「私は稲葉山城を利のために奪ったのではない。義のために奪ったのだ」と言ったのも、そういうところから出ている。信長はおそらく、こういう種類の男の出現に驚いたであろう。

「義」について無謀に説いていて、人々に伝わっているのかという行脚の最中に、こういう文豪の言葉に出会う悦びをわかっていただけるだろうか。もちろん、過去に何度もここは読んでいるのである。だが、今回は格別であって今の私の状況が、存在を規定しているということだ。

昨日は19時からの猪名川町での集会一つだけであった。昼前に事務所に行く。政策を書いたり、各メディアからの質問に答えるという事務作業がようやく出来るはずだった。ところが、私には珍しく、昼飯を食いにでた。さすがにいつもの一日一食では、体力がもたなくなっている。スタッフもよく使っている近くの名の知れた蕎麦屋に行きつつも、蕎麦を食べる体力がない。少しでも蛋白質をと考えてナンコツの唐揚げを頼むと、20歳そこそこであろうと思われる店員さんが「大丈夫ですか？」と聞く。「ニンニクが入っているので、演説をされる時に邪魔かと思いまして」。もちろん名乗っていないし、そうそう来ている店ではない。なのに考えてくれている。いろいろな人が私のことを意識しているのだなあと、嬉しかった。

猪名川町での集会も盛況。私の言う盛況は、まあ半分ほど席が埋まっていると考えてください。動員は一切かけていないので、チラシを見て来てくださった方々ばかりだ。おじさんに怒られた。「今朝、やっとチラシが入っとったんやで。もっと早かったら、アパートの住人ぜんぶをノックして、行けいうたのに」。すみません、すみません。ホールを押さえるだけでも、マネージャーのT－1君がもう鬼気せまる表情になっているのだ。それが決まって、ようやくチラシがまける。もちろん一枚ごとに、私のサイフから金が出ていくわけであって、うわああん。

だがそれは人生で至高の悦びを連れてきてくれる。会場の出口でガシッと、痛いほどにみんなが私の手を握ってくれる。あるいはおばさまは柔らかくつかんで「みんなに言うわ」と呟いてくれる。結果がどうであれ、私はようやく本当の「ふるさと」を得たのだなと思うのだ。ここに骨を埋めようと。私の父も母も、信じがたいような苦労を経た上の「流れ者」であった。だがそのあと、郷土のために懸命に働いた。その息子が恩返しをするとすれば、今しかない。

猪名川町から尼崎市の私の家がある立花までは1時間もかからない。撤収をスタッフに任せて、翌日のために私は先に帰る。昼はなんとか少し食べたものの、晩飯をがっつりと食っておかないと翌日にふらつくということがわかってきた。私の食堂は、住んでいるマンションの前にある「N」だ。カウンターが7席ほど、6人が座れる小あがりが一つという小さな居酒屋である。70歳がらみの女将さんが一人でやっている。

常連の全員がほぼ顔なじみだ。惣菜がまことにおいしくて、それをおかずに、私はめずらしくここでは米のご飯を食べる。いつもはパック飯をチンというういい加減さが好きなのだが、今の日本国のそのご飯は、まことにおいしい。ところが、昨日などは、ちゃんと女将さんは炊飯器で炊いてくれている。私にまともな飯を食わすためだ。孤独な生活を始めて長いが、今一番食生活が充実しているかも知れない。昨日は、筍を炊いたのに、肉とシラタキのすき焼き風。これに白いご飯。最高ですがな。

たどりついたのは22時前であったか。這うようにしてとにかく身体にカロリーを入れなくてはいけない。扉を開けると女将さんがちょっと焦った顔をした。左側の小あがりにいる青年から1000円札を受け取って、クリアファイルに入れているところだったのだ。何か紙を渡しているが、よく見れば、私の陣営の寄付のそれではないか。「え？　寄付？」と聞くと、青年が恥ずかしそうにうなずく。女将さんはファイルを開いて見せてくれる。すると何枚もの千円札がある。「みんな、してくれてんのよ」。候補者、もとい、候補予定者は泣いてはいけない。我慢するために、私は一度外に出た。

焼酎のボトルを入れているとはいえ、この日の私の勘定は1500円である。たいがい、みんなそんなものだ。そこで1000円を私のために応援してくれるのである。自分が、とんでもないことをやらかしているのだと思った。もちろん県内各地を歩いて、その自覚はある。だが生まれ育った街で、寝台に倒れ込む直前にこういうことを見てしまうと。

小上がりにいたのはあるモノ作りの会社の常務と若い部下二人だ。常務と私はこの店で顔馴染みで、今回、膨大な資料を持ってきた。読み込むと、いかに「手」を使った尼崎の実力が大したものであるかがわかる。ＡＩなどの空中戦も必要だが、地道に人がモノを作っていくことは絶対に滅びない。尼崎、兵庫はそれを大切にしていきたい。

「6月15日、休みますから」若者が言った。「なんでや」「ポスター貼るんで」「アホ、そんなもん公休や」。また泣かせるなよ。こういう企業と若者たちを大切にする県にしたい。何も私を応援してくれているからではない。いま、そういう視点がまったくないことを恐れるのである。ずいぶんと歩いてきて「何考えとるんや、おっさんは」だな。

2017年6月1日

夕方から宝塚市で講演会。エンタテイメントの街、宝塚。現職におかれてはまことに楽しい「公約」を発表されたということが、今日、報道にあった。かくして言葉のＢＧＭは用意されている。楽しいパーティになりそうだ。

私は今日は会場に直接行く。それまでの間、参謀会同《さんぼうかいどう》が事務所で行われている。残念なのはボランティアに来てくれていた学生たちが、ぱったりと姿をみせなくなったこと。人生の切所なのである。みんな惚れ惚れとするような人材で、それが大人の理屈でつまらない活動をしなくてはいけないというのが悲しい。私は事務所としてはインターンを入れているくらいのつもりでいたのだが、こんな博打にかけるのは常識的ではないよね。アメリカなどでは大統領選の選挙事務所で働いていた若者が、そのままスタッフになるというのは普通で、私もやや考えていたのだが。これからの有為な人生を預かる自信は確かにない。

いつも七五調で申し訳ないが「転職するなら兵庫県」にしたいと（笑）。「なんとかなるでしょ」という郷土にしたいし、事実、そうであった。これまでも講演で「手に職がある人を大切にしたい」し「それを育てる地域であって欲しい」と話してきた。中高年以上の方々、とくに、自分で商売をやってきた人々がおおいに賛同してくれた。今この瞬間にも、いわゆるF大に行って奨学金の借金を背負って、なんとか就職しようとしている子どもたちがいる。そういうことを兵庫県ではなくしたい。

キミはひょっとして「勉強」よりも「技」に向いているんじゃないか？　という

のは、勇気のいることだ。「大学作りますから、行けば？」と言えば票になる時代が続いてきた。その結果がこれである。兵庫県はどうでしたか？　と現職に問いたいところだ。日比谷高校から東京大学を出て自治省へ、そこから天下って副知事と知事しかやっていない方には、皮膚感覚として理解出来まい。天声人語子もそうなのだが、なんとか下々に理解を示そうと頑張っている（笑）。

「最後はうちにおいで」と私は就職活動のために出陣していく、我が陣営の若きものの二つの背中に言った。もちろんこれで浪人すればもう私は無一文だ。それでも私のために立ってくれた若者たちをなんとかしたい。思えば。今や私の関羽張飛である、ヨロンさんとT－1君もそうやって来てくれたのである。就職前ではない。ローランドと吉本興業という超一流企業で働いていたそれぞれが、海のものとも山のものともわからぬ私のもとに馳せ参じて、こうした危うい戦いをやっている。

人生は劇場だ。そのことを、私はいっときでも私のもとで働いてくれた子どもたちに伝えたかった。大人が作った仕組みの壁にぶつかって怪我をしたなら、戻っておいで。私がなんとかする、と。多くのその仕組みは愚かなものだ。人生をかけて、それで傷つくほどのものではない。私のような、いい加減な人生はあまり参考にはならないし、そのためには狂人な、もとい強靱な（笑）意思と、鍛えられた肉体が必要であって、これは頭がおかしくないとなかなか出来ない。

文藝春秋に就職した風俗ライターが、まさか兵庫県知事選挙に出るなどと、私もそして誰かも、考えたであろうか。人生、むちゃくちゃだ。わが事務所で額に汗していた少年少女たちよ。わずかな間でも「むちゃくちゃなおっさんもおるねんな」とわかって、多少のアホの壁にぶつかっても泣くな。ここへ還ってこい。一緒に兵庫をやろうぜ。あっ、自分の食い扶持は自分で稼ぐように。「そこがあんたの、限界ですがな」。T－1君でした。

今日、参謀会同をするわが側近たちは「早まってまた書いたよ」と言いそうだが、反射神経は私の一つの得意なものだと考えているので、ここで書かなくては私ではない。今後、いろいろと変えていくことはまず言っておく。それが本当の在り方だと考えるので。相談して「こう出そうよ」とあちらはやっているのだろうが、私はただの裸の一個人である。現職の知事が「公約」を発表された。ご自身のサイトに深い解説があるかと思ったが、見当たらない。私が不勉強なのか。神戸新聞から引く。

（神戸新聞　5月31日記事より）

井戸敏三氏、地域創生など公約発表／兵庫県知事選

基本姿勢は「参画と協働」「県民本位、生活重視、現場主義」と明記。施策の大半に数値目標を設けた。

「参画と協働」には爆笑した。私たちが今やってもらっている「ボランティア」ということだ。もう自分がやってきた施策で金も尽きたので、みんなで助けてね、を言い換えるとこうなると、作家の私は言わせていただく。「県民本位、生活重視、現場主義」は当たり前でしょう。16年の間、それをやってこなかったのか。「明るく楽しい兵庫県」と比べていただきたい。

子育て環境の充実では、民間保育所の新増設や保育士の処遇改善による人材確保で、２０２０年度までに保育定員を1万2千人増やすことを提唱。病児・病後児保育施設を80施設、放課後児童クラブを３００カ所増やし、多子世帯の保育料軽減の拡充も盛り込んだ。

団塊世代が75歳以上となる２０２５年問題対策では、定期巡回・随時対応サービス提供事業所を１００カ所に増やす方針を示した。

県内に移住する「Ｕ・Ｉ・Ｊターン」の就職を、20年度までに年６５０人以上にする考えも表明。中小企業による社宅・社員寮の整備などを支援するという。

役人が数字を出したのだろうが、財源はどうするのか。いや、私はそういう具体的なところで問い詰めはしない。素敵な施策だと思う。出来ればね。けれども、ずっと歩いてきて県民が望んでいることは、そうではないと、だんだんと確信してきた。「やるべきことは自分たちでやるから、県はよけいな邪魔をせんといて」。あるいは「少しだけ背中を押してくれれば、なんとかするで」だ。

「公約」とは県民との約束である。私はこんなに数値を出して詳細な約束をする勇気がない。私にあるのは最近、講演でいつも言っているように「教養、哲学、覚悟」だけである。たかだかと、県民のためにやりたいことは掲げる。あとはそこに向かって県職員やそれぞれの自治体の首長、何よりも県民のみなさんと頑張るばかりだ。これは参謀たちに確認しないと軽々に言っていいのかわからないが、私の公約は「明るく楽しい兵庫県」だけだ。これは私が努力して笑顔を作っていくと、だんだんと出来ると、約束出来る。

あとは「目標」なのである。「公約」などを作って票に結びつけるような大胆なことを、私は出来ない。「マニュフェスト」で民主党が滅びたことでもよくわかる。私はそのただなかにいて、ずっと「やめておけ」と言っていた。無責任ではない。責任を背負うからこそ「公約」など出来ないのだ。

2017年6月2日

今日は明石だ、大バコだ。

マネージャーのT－1君は狂ったように会場を押さえているが、時に大きなところしかあいていないことがある。それでも、とにかく借りる。「どうせあんたの金ですから。これまで人前で喋って稼いだんを、吐き出せばええことでしょう」。言われてみると確かにそうなのだが、何か懐はちくちくと痛む。

明石については、郷土が産んだ偉人、不肖・宮嶋茂樹先生を人寄せパンダにしようと考えていたのだが、自衛隊関係の仕事が重なってダメ。やはりそれなりの人物はみんな予定が詰まっている。豊岡市に来てくださった花房観音さんのように作家などは比較的自由がきくが、週刊誌で活躍している写真家は、取材先のスケジュールが当然、優先だ。さて、1268人のホールでどれほど埋まるか。その足で淡路島へと渡って、そこで宿泊。明日は淡路で3会場で話をする。

昨日の宝塚は200人ほどの会場で、なんと満席だった。その一人ひとりが出口で私の手を力強く握ってくださる。「頑張れよ」「頼むで」などという声と共に。丹波地方でほぼ満席が続き、T-1君もかなり気が大きくなったために、今夜の明石の大バコがあるのだが、日本海側などでちょっと弱気になっていた。動員をかけておられるどこぞと違って、私たちは一喜一憂の素人集団なのである。

日本海側と宝塚で意識の違いがあるとは、私は絶対に思わない。ただの人口と交通の便の問題だと思っている。数が少ないだけに、但馬での聴衆の一人ひとりは熱烈であった。「しがらみで来られへん人もおるん、わかっとってな。そやけど、投票には必ず行くから」と囁くおばあさんがいた。

小学生になってもうちは宝塚ホテルによく行ったので、そのころの風景は覚えている。尼崎と宝塚を結ぶ「尼宝線」は左右がずっと薄野原《すすきのはら》だった。夜に走るとキツネでも出てきそうで怖かった。そういう思い出話をすると、高齢の聴衆の方は、とても懐かしそうな顔で頷いている。宝塚というのは、一つの兵庫県のモデルとなるべき街づくりをしてきた。鮮やかなホテルがあり、歌劇の劇場があり、温泉まである。立派なのはそれらをきちんとアピールして全国区にしたことだ。

一つの市がやってのけたが、県としてはかかる動きの背中を押さなくてはいけない。歴代の文人知事たちはずいぶんと貢献したと思うが、寡聞にして最近、宝塚の魅力を県のトップが発信しているとは聞かない。外国人の訪問の「入口」としては、私の経験と目からすると、一つのチャンスだと思うのだが。それにしても、田園都市にエンタテイメントを組み合わせて線路をひいた小林一三という天才には敬服するほかはない。

夕方の講演一つだけだったので、昼間は珍しく身体があいた。スタッフが私の身体を心配してくれたのだろう。いささか、声が出なくなっている。ひりつくような痛みがあるので、歩いて1分の実家に行った。弟が喉を診てくれて「たいしたことないな」と。とはいえ、昨夜もなかなか鋭い質問をしてくれた聴衆に答えるところで、声が出なくなった。咳き込んでしまう。

昨日の質問者はスルどくて「楽しく明るいだろうが、このままでは古い組織選挙に勝てない」という、まことにもっともなことをおっしゃった。「財源をどこから持ってくるのか、具体的に話せよ」と。

その通りである。心算はもちろんあるのだが、こればかりは隠されている財布の中味を見ないと、確たることは言えないのである。だから「決算のディスクロージャー」を主張している。県民の金をこれだけ使ったのだから、これだけの効果があったと。先日ここでも書いた、山の中にある仰天するような施設など、どれほどの費用対効果があったのか。16年にわたる県政でのトータルでのそれを出すとわかりやすい。そこから私は県としての新たな「効果ある投資」の経営プランを考えようとしている。

でも、こんな長い話はなかなか出来なくて、質問者に申し訳ない。すると声が出なくなるのは、やはりストレスもあるのかなあ。咳き込んでしまって、情け無かった。かかる主張ほど言いたいのに。

2017年6月3日

今日は淡路島の3会場で講演をする。

参謀、高橋「ヨロン」茂さんのもとにデジタルボランティア（デジボ）が集結してなんとかやろうとしているのだが、どうにも手が足りない。奇妙なことに、長野知事選の時の方が集まったほどだ。これは面白いことで、ＩＴを扱うのが「特別」であったころは自分の能力を試したいという方々がいたのに、今では日常になって、わざわざそんなことをしなくても、という考え方が広まっているのかも。

昨日は11時からメディアの取材があったので、神戸へ。私に寄ってくる記者の数がどんどん増えて来る。私は記者時代あちら側であったが、記者クラブに混ぜてもらえなかったものとして、その気持ちがわかる。クラブ活動で「泡沫《ほうまつ》候補」と言われていたのに、何だかざわざわとしてきたのだろう。利権談合共産主義と戦うことにした私としては、ゲリラ戦だ。毛沢東は死ぬほど嫌いだが「人民の海に敵軍を埋葬する」は奉じるほかはない。だから私は兵庫県の41市町すべてで集会をして、人民、もとい県民と会うのである。そこでどういう化学変化が起きるかは「軍事を知る」と自称する私にもわからない。ただし、勤勉に戦うべき、だ。

明石市である。19時からの演説会の前に「魚の棚」の商店街を少し歩いた。この国で私がもっとも好きな商店街の一つである。よろしくないことを、もとい、商店街にとってはよろしいことおびただしいのだが、私の心をえぐることをやっていて。

「ちょっと食べ歩き　初夏のご馳走　明石まちなかバル」

元々「魚の棚」は歩いているだけで一杯ひっかけたくなるのに、このイベントのせいで、みんな路上に椅子を出してもう呑んでいるのだ。私とチームはそちら好きが多くて、ほとんど苦行のように歯を食いしばって街宣をしたのであった。ビール箱に座って呑んでおられるおっさんたちが握手を次々にしてくれる。今回は案内の商店会の人はいなかったのだが、それでも店々から出てきて、手を握ってくれる。温かい、人を見てくれるいい街だ。魚の棚は。

演説会はマネージャーのT－1君が阪神間の満席状態でちょっと躁状態になって取ったので1000人という大バコであった。そのあと但馬地方でちょぼちょぼを見て、今は弱気になっている。わかりやすい。まあ、前列だけ埋まればいいかなと思っていたが、なんと4割くらい来ていただいた。早い人は1時間前からロビーでうろうろしている。私は設営を手伝うのでそこらを出入りするのだが、突然、やや年上の人に捕まった。

「私は県の職員を退職して、外郭団体にいるんやけどね」と話し始める。「県はな、税金の使い方が無茶苦茶や。どんぶり勘定でやっとって、あとでの検証がまったくない。外に出るとようわかった。自分でも、中におった時のことを反省しとる」。全県を回ってきて、現場から聞いてきたことを、まさか当事者からうかがうとは考えていなかった。緊張する。

これだけでも、明石で話をさせていただいた意味があると感じた。あちこちを歩いて「こうだろうな」とはだんだんわかっている。だが、当事者の方から聞くと、自分の推測が間違ってはいなかったと感じるのだ。

講演を終えて、メディアの囲み取材のあと、翌日のリスクを減らすために淡路島に入ることに決めていた。

2017年6月4日

小野市のホテル。

夜が明けて来ると、はるかに播州の山並みが霧の中に霞んでいるのが見える。手前には近代的な工場が立ち並んでいるが、広い駐車場はからっぽだ。小野市の工業団地の中にポツンと建つホテルで朝を迎えた。とにかく周囲には何もない。スタッフのみんなと昨夜は到着して呆然とした。果たして私たちは飯を食えるのか…は婉曲な表現で、酒を呑めるのか。全員が呑み助なので運転をして出るわけにもいかぬ。優秀なホテルであった。事前に電話をしておくと、タクシーの予約のみならず、遅くまでやっている店まで人数分、とっていてくれた。

いやあ、遊説の旅は新店発見のそれでもありますなあ。またまたいい出会い。「とり翔」。ちょっと目からウロコ。焼鳥を自分で焼かせるのである。目の前の無煙ロースターで。串の焼鳥と宮崎の地鶏焼きをセルフで、という感じだろうか。兵庫愛の私としてはとても嬉しかったのが、鶏は朝びきの播州地鶏。兵庫の酒も置いていて、私は加古川市の北にある稲美町は井澤本家の『倭小槌』を選んだ。意外と脂が深い鶏の肉に、実に合うのである。やはり地の肴、もとい地の鶏には、地の酒が良い。大将との日本酒談義も進んだ上に、こんな深夜、タクシーがいないということで、ホテルまで全員が乗れる大きな車で送っていただいた。

6時に私は一旦階下に下りて駐車場へ向かった。わが街宣車が停まり、スタッフが群がっている。私とマネージャーのT－1君を除くと6人いるボランティアの諸君は、今日はまず二手にわかれた。一つは10時からの小野市内の講演会の会場設営部隊である。

もうひと組の部隊が、なぜこんなに早朝から出撃するかといえば、ポスティングのためである。講演会のチラシの投げ込みだ。会場に来てもらうために、私は新聞にチラシの折り込みをずっとやってきた。それを、加西市では、断られたのである。何がどうこうとは書かないが、会場の予約も断られるところが出始めていて、なかなか面白い。それなら人海戦術でやったろうじゃん、と朝食も食わずにわが部隊は飛びたったのだ。面白いもので、チームを組んでいると、みんなが私の性格にどこか似て来る。そう来るならこうだ。つまり「義」の一字である。そのTシャツを着た青の軍団はにこりと笑って私の視界から消えて行ったのであった。

昨日は淡路島の3つの市をすべて回った。ご存じのように、ここはタマネギの大産地である。とはいえ走っていてもずっとその匂いがしているというのは、どういうことかと考えていた。すると2番目の会場である洲本市のホールで、恒例の最後の質問タイムでマイクを握った方が「よりによってこんな時期に来るから、人が集まらんのや」とおっしゃった。何のことやらわからなかったが、3番目の会場に来てくださった方の解説で氷解した。今、タマネギの収穫のピークなのである。

その最後の講演は17時半からだったが「あと1時間遅らせれば、もっとみんな来られたのに。陽があるうちは、畑におるよ」。そこまではさすがに事前に知りません(笑)。いつものように19時からだったなら良かったのかなあ。とはいえ、大勢に来ていただいたが。タマネギの収穫時期、インプットされました。兵庫県の大切な情報の一つだものね。

一つ一つが学べているのが、まことに楽しい。と同時に反省する。世界中を歩いてわかった気になっていたが、郷土についてこれほど知らないことがあるとは。無駄になるのかも知れないが、全41市町をすべて識っていくということは、私の人生にとって、いずれ必要なことだったのだろう。

次は洲本市。途中、T－1君の親戚の家に寄る。彼のおばあちゃんは94歳で、訪ねた時も畑にいるほどの元気さ。淡路は全体に高齢者の背筋が伸びている気がして、これはタマネギマジックか。最後の南あわじ市には、シアトルで私の有料配信メールを読んでくださっている読者のSさんの友人が来てくれた。もはや私の応援は、読者の方々を通じて世界規模となっていて、ご自身が行けなくとも「動員」をかけてくれるのだ。みなさん価値観を共有しているので、初めて会ったとは思えない。この方も大きな地元企業をやっておられるが、他にも続々とこれまでの縁はなくともそうした人々がかけつけてくれる。とにかく地域からの産業の覚醒と興隆を考えている私としてはありがたいことだ。

というわけで。地を這うゲリラ戦が始まったわけだ。戦士たちは今この瞬間も加西市を歩き、肉弾戦でチラシをお渡ししている。折しも今日は6月4日。天安門事件の日である。運命的なものを感じる。長く緩やかになされているので騙されている独裁政権を打破するために。

2017年6月5日

ようやく巡業から帰宅した。明石、淡路、播磨と回ってきて、私もチームも疲労が最初のピークに達しつつある。昨日は最後が高砂市で、今日は神戸市で取材を受けるので、すっかり宿も呑み屋も馴染んだ姫路市あたりに泊まろうかとも思ったが、やはりいろいろ立て直すために、自宅へ一旦戻ってきたのだ。

「一旦帰宅」はチームにも命じた。ハイテンションなのはいいが、どこかだんだんと狂ってくる。それが楽しいんだけどなあ。「なぜか」どんどん集会の会場が取りにくくなっているので担当というか専任のマネージャーのT－1君は目がつり上がってきている。

高橋「ヨロン」茂参謀長も壊れかけている。私たちの前線部隊に対して、銃後をほぼ一人で守っているのである。そこから次々と指令を全国、世界中のわが精強無比なる工作員諸君に出すのが仕事で、それだけで忙殺されるわけだが、人がやって来る。これはまことにありがたいことで、日本中から私の事務所に激励に直接来てくださる。あるいは、こっそりと人目をはばかって「これまでとは違って」と来る方たちもまことに多い。その接遇は私の代理人であるヨロンさんがやるほかはない。かくして作戦指揮をする時間が、だんだんとなくなってきているのだ。

「あそこと、あそこ、電話してくれた?」と聞くと「気がつくとさあ、日付が変わっていて、人に電話出来る時間じゃねえんだよなあ。わかったわかった、明日やっておくよ」それだけ賑わいが出てきたということではあるし、本当は私が事務所にいてせっかく訪ねて来てくださる方々に会わねばならないのだが、もうご存じのように前線指揮官かつ一兵卒として兵站まで担いつつ、かけ回るしかない。米軍の物量を相手に戦った皇軍将兵の気持ち。偉そうなことをいろいろと書いてきたが、私はやっと実感としてわかりつつあるのかも。まことにいい経験だ。

播州を回った。最初は小野市のホールであった。見事というほかはない施設である。今回、まことに勉強になるのは、こうした施設を見ることこそ、市町村、そして県の現状がわかるということだ。さまざまな産品や隠れた宝石もたくさん発掘しつつある。すべて私が励起させれば大きなパワーとなるものだ。その中でホール。嫌な思いは滅多にしない。現場は本当に誠実だ。名前を知って断って来るようなところもあるにはあるが。

小野市である。施設は素晴らしく、メンテナンスも行き届いている。小野市で私は少し無理を言った。「今日の神戸新聞でコピーをしたい記事があるのですが、お持ちですか」。すべての新聞がファイルされてあった。ここでも感心したのは、その前1週間の新聞もラックにあったことである。私が欲しいものはおじいさんが読んでおられた。対応してくれた責任者と思われる素敵な女性は「どこかで、コピーしますよ」と。「おいくらですか?」「10円です。お持ちしましょうか?」「とんでもない。取りに来ます」。

最近では知られるようになった、管理者を民間に委託する仕組みだ。彼女はＮＰＯ法人の職員である。施設そのものがいきいきとしている。ずっと訴え続けているが、施設を作るのは「カネ」だがそれに「智慧」と「心」が寄り添わなくてはただの捨て金だ。私の見るところ、兵庫県は後者の二つをサボッている。お勉強だけで地位をつかんだ方には、わからないのであろう。一般の生活すらしたことがないのだからね。私はご存じの通り、修羅を生きてきた。だからこそ、この施設の理知的な彼女の「心」がわかる。

おじいさんはまだ読んでいたが、なぜかコピーがあった。どうもトイレにでも行かれた時に、素早くやってくれたらしい。そもそもこうして新聞をホールにおいて無料で読ませてくれるという心遣いが私は嬉しい。この施設は「生きて」いる。それを市民も県民も（両者は重なるが）実感する。私のような県民ではあるが突然訪ねてきたものであっても「いいなあ、この雰囲気」と思わせる。ハコものに批判はつきものだが、運営によってみんなを「明るく楽しい」にすることが出来る実例を見た。ホールは光に満ちていた。

小野市を皮切りに3つの講演会場を巡った。日曜日の朝なのに、小野市はたくさん来てくれた。設営から気分がいいので、爽やかな気分で次へ。

ここが問題の場所である。講演会の新聞折り込みを断られた加西市。昨日書いたように、突撃隊が夜明けに出た。部隊でもっとも戦闘能力が高い先任曹長たるイケダさんが率いた。実はもう一人、もっとアブない「狙撃手」がいる。私が大好きなスティーブン・ハンターのスワガーそのものだ。この二人が部下を伴って6時に出撃したのである。

終えて。スナイパー・サカイは尼崎からJRに乗ると便がいいということで、3人でガニー・イケダ（ガニーは曹長の米軍での呼称）の運転で自宅近くに帰った。私が年長だが、あとの二人もいい歳である。実社会では素晴らしい仕事をしておられる。だが車内ではずっと作戦会議だ。参謀会同でのことも大切だが、現場をじっと横から見ているガニーたちの観察眼には刮目する。これを私は参謀たちにあげなくてはいけない。何をやっているのかとお思いでしょう？

たぶんそういう批判が来るのだろうとわかるが、私は軍国主義者でも何でもない。「軍事を知るから平和を語ることが出来る」ものである。軍隊というのは、理想的なムダを削ぎ落とした戦うためだけの組織だ。私は兵庫県で「蒼の革命」をやろうとしている。銃は持てないが、かわりに票を人々は持っている。立ち合った、フィリピンの「黄色い革命」を思い出す。コネや談合や利権誘導をつぶすには、革命軍は軍でなければいけない。カタチ、組織としての軍であって、そこにはいかなる思想性もない。

立花の「星屋」に行った。「営業終了」との看板が出ていたが、のぞいてみると大将が「入ってください」と。こういう時に、今の私は一瞬考える。利益供与になるのではないか、と(笑)。「活動、大変でっしゃろ。何時まででもおってください」。帰りがけのお客さんもいた。みんなタイガースのユニフォームを着ている。「勝ったん?」「奇跡的に勝ちました」。若い人たちである。あちらから手を握ってくれた。「勝ってください。ボクら、むちゃくちゃ、今のことにムカついているんです」「ほなら、なんで投票せえへんの?」「相手がおらんですもん。今回は出てもろうて、やっと行く気になりました。タイガース、今年は日本一になります。その時、その場所に、おってください」。

涙をこらえるのに、苦労した。

2017年6月6日

19時から芦屋のお寺で演説会をする。昔むかし、日記を通じてご縁を結んだことで、境内を貸していただけることになった。収容人数がやや少ないので心配。よくわからないのだけれども、いやわかっていても私は卑しい土俵に乗るのが嫌なので書かないのだが、どんどん演説会を出来る場所が減ってきている。誰でも使えるはずの公共の施設が断って来るとかね。ケケっと、私は笑う。最後は路上でやればいいのだ。フィリピンの「黄色い革命」をこの目で見た私をナメるものではない。

記者会見が13時から県庁であった。候補予定者の「横顔」を聞きたいという企画だ。各社揃った。うるさいおじさんであって、記者クラブ制度をずっと疑問視している私から言うと、せめて私の事務所でやって欲しかったなあ。全財産を使って行動を起こしているのだから。なんで現職のおっさんが居座っている県庁という「城」

の一角でやらなあかんのかな、とは。これそのものが、今の大マスコミの宿痾《しゅくあ》を示している。

これはずっと私が今言い続けていることの一つだが、立ち返って考えてみてください。これから県政をなんとかまともにしようということで立った人間が、県から借りている部屋で会見をするのは、常識的に言っておかしいでしょう。うちの事務所とは言わない。何か好意的に提供してくれるカフェや、あるいはむしろ路上でいいじゃん。私が、あの部屋で話したということが根本的な問題なのだ。ただし。田中康夫師匠はこれでもめて追い出された。私は県民の幸せを何より考えるので、ここではケンカはしません。やらせてもらってなんぼ。落としてもらってまた自由になると、書くネタはもう、愉しくて。

とても親しみやすい優秀な記者たちで、愉しい時間であった。時に私が挑発したりして、議論のやりとりがあったな。その中で、こいつら出来るやん、と私は感じた。もったいない。私が自分のメディアをもっと大きく持っていたならば、使ってみたい諸君だ。なんと1時間半を過ぎるほどやりとりをした。フツーは10分20分だろう。私という人間に、若きジャーナリストたちが個人的に興味を持ってくれているのが、愉快であった。出来るだけ、この世代に伝えるものを伝えたいと、話をした。

事務所に帰って最高幹部会同である。東京の参謀たちもやってきた。相手陣営が最初に言った「泡沫候補」にしてはなかなかの陣容である。あちらは尼崎市にも事務所を開設した。金が、人の金があるというのは素晴らしい。わが金城湯池《きんじょうとうち》の切り崩し、やってごらんなさい。楽しみにしている。

とはいえ。東京から来た高級参謀たちは冷静な数字を持って来る。大日本帝国の皇軍に欠けていたものである。精神あって数字なし。これでは戦は勝てない。戦争というものは、とにかくバイアスのかかっていない、その時の数字を見なくてはいけない。あるいは「名誉ある撤退」もありだ。

数字はまことに厳しい。「昨日までの日々が明日にも続く」ことを願っている方々がこんなに多いのかなあ、しかしそれが現実だと感じた。今まで投票に行っていなかった、特に若い世代、しかしあるいは高齢者で考えを変えた方々に支援していただけないと、無理である。元々わかっていたことだけれども。

ここまでずいぶんと「盛り上がり」を書いてきたが、そんなものは「雰囲気」であって、一票にはつながるのだろうが、確実ではない。さまざまな独裁国家を歩いてきた。機材をまるごと取り上げられて、それはもちろんその連中の金になるわけだ。そんななかで小さな「革命の種」を拾って書いてきた。さて。兵庫県はどうだ。そうやってきたこの私が、まったく読めないのだ。

最高幹部会同は、東京から見た冷静な分析で、とても勝てないということを突きつけてくれた。まあ、そうなのだろう。現状は。私はいささかの楽観もしない。前線で楽観をすると死ぬからだ。

2017年6月7日

雨だ。久しぶりというか、活動を始めてからは初めての雨だ。雨の中の闘いが始まる。地勢と天候を読むのは、戦争の基本である。ここまで晴天で引っ張ってこれたことは、ツキがあったと考える。「軍事を知らずして平和を語るな」と、押しつけてきた。実践しているのだ。さて、本当に私が軍事を知っていたのかどうか、試されている。

今日は太子町、佐用町と回る。

もう一つある場所を確保して、極めて過酷な「一日3カ所」の演説会を入れていたのだが、既に書いたように、あちらから拒否されたのだ。

「忖度」ですよ。流行の最先端を行っているというわけだ。もう1カ所、同じことが起きていて、ギリギリに詰め込んだ予定のスケジュールが歯抜けになっている。私の気力と体力が最強の戦力であるわが陣営としては、こういうイヤガラセは実はなかなか痛い。その空いた時間をどう使うかと言われれば、ないのである。街宣をやろうにも、車とショッピングセンターが直結している地域では難しい。商店街が生き残っていれば、やりようもあるけれどもね。

大切なことは政策をしっかり準備することであった。昨日のことである。夕方からの芦屋市での集会までは何もない。その間に、政策提言の整理をしなくてはいけない。まことに優秀な私の政策ブレーンがたたき台を作ってくれてはいるが、作家としての言霊をそこにふりかけるのは私の仕事だ。

政策に関する原稿を書き上げた。演説会の場所は芦屋市だ。ここはホールの予約に苦労したというわけではないのだが、好意が寄せられたので、そこでやることにした。100人ほどしか入れないので、わがスタッフは事務所の椅子という椅子を持ち込んだ。百数十人の座る場所であり、それは梅雨入り前の爽やかな空気が流れる外にまで広がった。

満席となった。ここのところそういうことが続いている。わが精強無比なる将兵に「油断をするな」と言い続けている。そもそも私が好きな人が来てくれているから、握手もするのである。私が嫌いな人と、相手の工作員も必ず来ていただいていている。すべてわかっている。明るく楽しく、陣営に指摘している。

蒼の革命

2017年6月8日

わが県は県政が始まって150年ということを祝おうとしているが、そんなもの、県民にとってまさにどうでもいい。それよりも初代に比べて今がいかに劣っているかという検証をするべきなのだが、その方はこんなことをやるつもりだ。

（神戸新聞　1月4日記事より）

伊藤博文が執務、初代兵庫県庁復元へ

兵庫県は神戸市と共同で、1868年（慶応4年、または明治元年）に同市兵庫区に設置された初代の県庁を、当時の所在地近くに復元する検討に入った。廃藩置県より3年早く誕生し、神戸港開港ともゆかりが深い県の史料も展示する計画で、来年7月の県政150周年までに具体案をまとめる。過去にも同様の構想が持ち上がったが、用地問題などから立ち消えになっていた。

頭、おかしいのではないか。財政が苦しい苦しいと言って、小中学校の先生たちに過酷な労働を強いながら、またハコものを作るのか。ははあん。現職が5期目の出馬を決めたのは、ひょっとするとこの時に立ち合いたかったからかもしれない。人間、甘やかされて感覚が麻痺するとそうなる。

私が知事になったなら、即刻、中止します。浮いた金の有効利用の先はいくらでもある。財政が辛い辛いと言うのは、いかにくだらないものに使っているかだからだというのは、ここまでほぼ県内すべてを歩いてきて、よくわかった。

昨日は太子町から演説会を始めた。聖徳太子というと奈良のイメージだが、こちらにもゆかりの地がたくさんある。でも、あまり知らなかったでしょ？　そういう場所だからふるまいがどこか高貴であって、あざとい売り出しに欠けている。私ならもっとやる。

私の目から見ると、古代史のパワースポットと言っていいほどの素材がある。いつも言うように「見慣れている地元の人には、今いちピンとこない」のだ。「鳥の目」で私がお教えしてあげたい。ああ、これが観光と振興の講演だとどれほど楽か（苦笑）。

次は佐用町。ここも素敵だったなあ。とにかく豊かである。

歴史的には、私が今回持ち歩いて読んでいる司馬遼太郎さんの『播磨灘物語』にも登場する、上月城がある。あの山中鹿之助が尼子氏再興を願って立てこもったものの、織田信長の命を受けた豊臣秀吉に捨て殺しにされた城だ。ひまわりが、町の名物である。

雨が激しく降り続いている。冷たい雨だ。ともすれば、心が折れそうになる。まして や、最後の赤穂市は一度は受けてくれた会場をどういう力の作用なのかキャンセルされて、演説する場所がない。とはいえ、41市町すべてに爪痕を残そうというのが、私と同志たちの決意なので、とにかく赤穂駅頭に立った。列車はだいたい1時間に1本しかない。その瞬間をめがけてバスと迎えの自家用車が来る。その耳に入れようと、私は雨の中、マイクを持つのであった。

赤穂には子どものころよく来た。まだ塩田が残っていて、風情があった。それを潰したあとに関西電力の巨大な火力発電所が建っている。退所時刻とあって、専用のバスが電車のタイミングに合わせて次々と到着するが、出てくる社員の方々は一人もチラシを受け取ってくれない。手で振り払う人もいる。なるほどなあと、と苦笑する。電力会社と県などとの関係が目に見える。そんな中、仲間の目をはばかるように3人、こそっと近寄ってきて握手をしてくれた。嬉しい。

駅からかなり離れたホテルにチェックインをしたあと、皆で歩いてすぐの居酒屋に行った。地元の人々が集っている。そうこうする中で、私だとわかってくれた、大将を中心とする好漢たちがどんどん燃えてきて演説会に。失われた「会場」が、出来たのだ！

好漢かつ巨漢が立ち上がった。赤穂での会場を断られたと告げた時である。「うちでやればええ。100人は入れる場所なんで、聴衆もすぐに集めますで」。いや、集めるのはこちらでやるが、会場があれば嬉しい。彼はすぐにその場所の責任者に電話をして、なんと押さえてしまった。「許せん、許せん」と呟きながら。

ああ、革命とはこういうことなのかな、と実際に世界中で見てきた私ですら、天を仰ぐのである。芦屋ではお寺だった。赤穂でも、即座に場所を確保してくれる人がいる。いかなる弾圧を受けても、立ち上がる人々の存在を、途上国などでは見てきたが、まさか兵庫で自身が目にするとは。言葉が浮かんだ。これは、「蒼の革命」だ。

2017年6月9日

赤穂市。私は目を疑った。鮮やかな江戸の町並みが残っているではないか。なぜ赤穂市はこれをもっと売り出さないのか。一帯を旧坂越会沛所と呼ぶらしい。このあたりが、海運で賑わっていたころの、赤穂の正面玄関であったのだろう。これは県内でもトップクラスの景観だ。坂越という名前は、私も今回初めて知った。なんとか町並みは残っている。赤穂市がなぜ、もっと力を入れないのかわからない。

たつの市へ。龍野という漢字の名前を、合併のために捨ててしまったのかな。ここも会場がとれなかった。今や、このクラスの都市の中心はイオンである。イオンの周囲にいろいろと集まったコンプレックスが出来て、すべてはそこで終わり、みんなそこに集まってくる。そもそもこの形態がいつまで続くのかなあ、というのが私の基本的な疑問なのだが、兵庫県だけが悪いわけではない。日本国のほぼすべてがこうであり、元々アメリカのスタイルだ。国家の形が似ている欧州はもっとコンパクトシティなのだが、日本はこちらに行った。金の力だ。

だからそういった周辺でマイクを握る。私はプライドだけを食って生きてきた人間である。朝の路上でほとんど反応してくれない方々を前に語りかけるということは、書いておくが、嫌いだ。だが革命のためにはやらなくはいけない。孫文も、私が尊敬するフィリピンのホセ・リサールも、やる時はきっとやったのだろう。

無視されている。車での出入りがほとんどなので当然だ。だが、稀に、少し、車内から手を振ってくれる人がいる。すると私は、少し元気になる。龍野は私の中では決して「たつの」ではない。詩人として尊敬してやまない、三木露風先生の生家を訪ねた。龍野の城下がなぜ「たつの」になったのか、言葉を大切にした詩人は泉《せん》下《か》で泣いておられるかと。おっと、あまり現状の悪口は言わない方がいいらしい。

兵庫県を回りながら遊んでいるだろうって？　その通りなのである。徹底的にみんなと遊んでいる。そうやって兵庫を知らないと何も出来ないもの。16年にわたって君臨した方と、久しぶりに本気で帰ってきた私のグランドツアーで得たものと、どちらが楽しいか、比べてみたい。だから公開討論会をずっと申込んでいるのだが、ちっともうまくいかない。今の体制への遠慮があるのだろう。どこかやりませんか。手を挙げれば、メディアが「後援」でつくのは安心していただいていい。

小郡町、稲美町など、いずれも街頭だ。元々播州は地侍たちが独立の気運が強くて、だから織田信長方も苦労したと『播磨灘物語』でもよくわかる。普通の感覚だと、こうした小さな「町」は周辺に呑まれていくわけであって、但馬を歩いているとよくわかる。

街頭というのは厳しい。スーパーなどの駐車場の警備員の許可を得る。こちらは公道でやるので問題はないのだが、礼儀というものだ。すると昨日などは「みんなそこでやっているよ」と、教えてくれた。考えることは同じだ。ただし、あまり効果があるとは思えない時もある。スーパーへはみんな車で入って、車で出て来る。声をかけるいとまはない。たまに手を振ってくれる人がいると運動員が駆けつけるが、窓を開けてはくれない。

そういうことを、2カ所やった。41市町に爪痕を残すことで私はズルをしたくない。実際、そうやった街頭で、私は多くの支持者を得て来た、と信じる。

本当はすべて、ちゃんとハコを借りて、落ち着いて話を聞いて欲しかったのだが、今まで書いてきたようなさまざまな理由もあって、後半、急にそれが出来なくなった。しかし、今日は3カ所で借りることを得ている。まさに、ラストツアー、三木市はエンディングである。ややこしいことになっているここで、というのはサイコーだなあ。グランドフィナーレである。41市町のすべてで県民の方々と直接話をすることが出来た。

相生市でようやくホールを借りて入ることが出来た。それが満員。ボランティア諸君が必死で椅子を足したが、それも埋まる。いつものように終えて希望する方とは一緒に写真を撮るが、泣いてしまった青年がいた。「いつ出馬してくれるのかと思っていたのです」と。垂水で手を叩きながら「やっと出ましたか」と笑ってくれた青年もそうであった。若いのがいい。以前から、若者の政治の無関心にいつも腹を立てているが、二層化しているのかな、とも思う。こんな若者たちをどれだけ掘り起こせるかだ。

最後は播磨町。ゲコゲコとカエルがなく田んぼの真ん中だ。小さい会場で、いつものように半分くらいの埋まり方だったが、終えてからの撤収をすべて見守ってくれて、駐車場から私たちの車が出るまで手を振ってくれたお母さんたちがいたのには、嬉しかったなあ。

今朝の場所を睨んで、西脇市までとにかく夜のうちに入ったのだ。

2017年6月10日

完走した。兵庫県を。昨日の三木市で41市町を回り尽くしたのだ。明日、告示前の最後の大集会を神戸でやる。

「やったろうじゃん」と勢力を誇示したい。「蒼の革命」をビジュアルで見せたいので、これまでの演説会場で私たちのTシャツを買ってくださった方々は、駆けつけていただけると幸いだ。一角に場所を用意しますので、そこに蒼の砦を作ろうではないか。

神戸は「神戸まつり」その他であまたの街頭に出ていたので、演説会はイベントとしても、とにもかくにも郷土の全土をこれで歩いたことになる。「疲れたでしょう」という言葉をたくさんいただいてありがたいと頭が下がるほかはないが、肉体の辛さよりも「こんなに勉強していなかったのか」という忸怩《じくじ》たる思いの方が強い。

世界中を歩いてきた。兵庫県もずいぶんと知っているつもりだったが、究極の「復習」が出来た。これ、もし選んでもらえたら、最強の知事になるだろう。私のこの脳味噌の中にあるデータ、火葬場で燃やしてしまうのはもったいない。この発想が私なのですが。その前に、県民の皆様に伝えておきたい。実はこれがもっとも大きな動機だったりする。

でも、その上にもっともっと大きな情報を私は今回、足で稼いで得ることが出来た。わくわくしている。私は鳥瞰的な教養と、現場を歩く足を持っている。目撃してきた、圧政に対する革命がまさか日本国で出来るとは考えていなかった。満州の馬賊になりたかった私が時代を間違えたと悔やんでいるうちに、こんなことになったのだ。やったろうやん。

三木の会場は満員だった。慌ててスタッフが椅子を足した。ここのところずっとそうでスタッフは喜んでいるが、私は油断していない。演説のあと、外で待っておられた紳士がいた。こんな日記を、もうずっと前に書いた。7年前の10月のことだ。

もう10年近くも前になる。兵庫県の県立校長の先生が、朝礼で日本刀を見せその怖さについて語ったと神戸新聞が騒ぎ立てたことがあった。

私は確か『ＳＰＡ！』のコラムなどでこれまたたった一人で徹底的に校長先生を擁護した。あとで、一通の手紙が届いた。校長先生からであった。私が論陣を張ったことに対する感謝の気持ちが綴られていた。しかし、自分の行為に対する言い訳はひと言もなかった。

「抜刀校長です」とガシッと握手されても「抜刀校長」は字ヅラで見るとわかるけれども、言葉ではどうも。脳に自信がないのでいつものように曖昧な微笑をしていると、ハッとわかった。「私の人生は、あなたに救われました」。これは重いのだ。かつて記者のはしくれをしていた時に、いつも考えてきた。今なお、永遠の課題と言っていい。

　十数年前に私がささやかなコラムで触れた校長がやってきて、演説の中で話した、小学校中学校の先生たちの負担について「その通りだ。私の仲間と話して欲しい」とおっしゃる。望むところである。予定があればキャンセルする。そして抜刀校長が集めてくれた人々の会にいく。それが知事というものだ。

　ありがとう。話を聞いてくれた兵庫県の人々。41カ所、その他を含めて100時間は喋った。腕が挙がらないのは手を振ったからかな。些細なことである。すべては、私と違って運に恵まれなく、命を落とした先輩や同僚にささげる。選挙という戦場で死ぬことはない。だから死ぬ気でやる。

千人の神戸大集会

2017年6月11日

兵庫県グランドツアーの掉尾《ちょうび》を飾るべく、神戸市で大演説会をする。

正確にはこれをやって、すべてのところで、集会をした、と言いたかったのだが、ご存じのように正当な手続きを経た公共の場所で、一旦は許可されていたにもかかわらず、会場が借りられなかったところがある。幸運にも知事になったならば、なぜだったか調べてみようと思うが、そうした場所では仕方なく街頭に立った。だから41市町すべてで集会をやろうという私の野望はついえたが、街頭もまた集会だと思っている。多くの人が近寄り、車からは手を振ってくれた。

神戸も神戸まつりなどで多くの人に会っていて「もうやったぜ」と言いたいのだが、やはり演説会をやりたいではないですか。1000人のホール借りちゃいましたよ。

革命は歌を欲する。フランスの革命では今のかの地の国歌「ラ・マルセイエーズ」が歌われた。神戸の大ホールで革命歌が披露されると告知しておきたい。作詞は15歳で詩人として天才とうたわれた私。とほほほ、なんでこんなことになっているのかね。作曲は、サザンオールスターズのカバーバンドを率いるミュージシャン、井出隊長だ。なんだかうちの軍団はT－1君をはじめ「安曇野の軍師」だとか「ガニー・イケダ」だとか「スナイパー・サカイ」だとか朝日新聞にかかると「軍靴の響きが聞こえてくる」と言われそうである。でも井出隊長はわが陣営に属する前からそう名乗っている。

今や売り切れて追加発注をしているTシャツや、サイトの文字はすべて書家の水島二圭先生の手によるものだ。サザンのツアーのパンフの表題を書いておられる方である。そんな人が「応援したい。遠いから行けないので字はどうか」と頂戴した「義」の一字を、私とスタッフは背中に背負っている。

昨日ようやく、ＣＤが届いた。この時間がない中で井出隊長が突撃して私の詞に曲をつけてくれた。今夜、神戸文化ホールで初演です！　感動というよりも笑ってください。

まさに「明るく楽しい兵庫県」を創るための歌であって「明るく楽しい選挙戦」の告示前のサイコーの時間になるに違いない。そこからみんなでノッていくのである。それにしても。これほどあらゆる才能がたかが私のために結集する愉しさはどうであろうか。

記録のために正直に書いておくと「当日来てね」と「お願い」したみなさんはほとんど無理だった。当たり前だ。それぞれがいろいろなしがらみを持っている。それほどの才能や地位があれば当たり前であって、むしろちゃんと応えてくれたことに私は感謝している。だが私には地を這う人々がいる。井出隊長は地を這うどころか虚空を飛んでいるのだが、インディーズ的にしがらみがない人々がどんどん集結してくれている。

「市民」でないところが面白い。いえ「市民」を非難しているわけではないですよ。ただ私のこれまでの人生は「市民」と朝日新聞が名付ける方々とのせめぎあいであったので。「本当の市民」を私はずっとこう名付けてきた。「独立した個人」と。自分の頭で考えて「あいつのあそこは許しがたいが、ここはたいしたものだ。差し引きで、じゃあ応援にいくか」。全県での集会を通じて、それを感じた。握手をした手をはなさずに説教を始めるおじさんは、嬉しいが、困る。次の人が待っているので。でも、その熱さこそが、兵庫県を変えていく。

夜の大イベントまで時間があるので地元で街宣をした。尼崎駅と立花駅の駅頭である。客待ちのコーナーに駐車しているタクシーの運転手のみなさんが飛び出してきて手を振ってくれるのが嬉しい。生まれたそのものの地である立花駅は、そもそも人がいなくて、やや寂しかった。

事務所に行く。ここのところ、人が溢れるようにいる。嬉しいが、申し訳ない。それなりの発言力があるようになると、これは言いたいが、今の選挙システムはあまりにアナログ過ぎる。こんなことを書くとイヤガラセされそうだが、どうせ一回の勝負なので書いておく。選挙管理委員会は、馬鹿なのか。多くの国民も疑問に思っているだろう。もっと投票をデジタル化すれば投票率もずっと上がって、民主主義的な進化があるだろうと。

今のままではありえない。だが、それを言えなかったのは、選管のその古すぎる慣習の中で、ずっと古い政治家が生きてきたからだろう。私は違う。日本国のウェブ選挙の元祖と言っていい、安曇野の軍師、高橋「ヨロン」茂が、激怒して帰ってきたことが重なっているのだ。

兵庫県内全域のポスター掲示箇所は1万3000。ここに自分たちでポスターを貼らねばならない。相手陣営は利権談合共産主義の圧力と命令で動員する。何の支援もない我々は、「義」の一字のもとにボランティアが兵庫県各地へ集結するのだ。

ポスターを貼らなくてはいけない。その呼掛けに、轟々たる足音を響かせて、全国から良民常民がやって来てくれるということで、これはやはり革命だな。

戦いに参加せよ！である。ところが。ポスター貼りには掲示板の場所を知らねばならない。選管にはヨロンさんが直接行ったものの、データでくださいということ自体が理解出来なかった。渡された「紙」には住所情報が印刷されているだけ。「なになに字《あざ》、だれだれ家の前」というものまであった。

ベルリンの壁を崩壊させたのは、衛星放送だった。武器としての情報伝達のイノベーションに遅れると、その国は滅びていく。兵庫、何だ、これは、だ。オノレの選挙もしているのだから、現職の知事さまにおかれては「これはマズい」と思わなくてはいけないでしょう。私はすぐに改革を命じます。各市町が少なくとも掲示板の情報はデジタルデータにしていて、候補者にスッと渡せればいい。なぜしないか。「関税障壁」と同じ「立候補障壁」を作っているのだ。全土でポスターを貼れるような候補は出てくるまいと考えていたのだろう。

我々は紙のデータを全国のボランティアの力を借りて、デジタル化する。舐めたらあかんでよ。個人の資力と人脈と、何より我らが義士たちの「いざ兵庫」で、今何ごとかが起きつつある。ポスター掲示板の場所をグーグルマップに落としてわれらが革命兵士に伝えれば、そのまま現場に行ってもらえるのだ。

風が、いささか変わってきた。

2017年6月12日

神戸市。

泊まるつもりではなかったのだ。しかし大イベントをやらかして、それそのものは規模といい、別に自慢するほどではないのだが、なんだか精力のすべてを使った。

これからようやく告示なので、ネジを巻き直さなくてはいけないのだが、ともあれ自分に課した41市町をすべて回って爪痕を残し、勉強させてもらうということのグランドファイナルをやったことで、何かが切れたのかもしれない。でも、これからが本番、本番。やっと前線まで進出しただけだ。

13時から県庁で会見である。そのことも昨日の集会終わりでメディア各社からの会見があったのだが「行事はやめましょうよ」という言葉をぐっと押し殺した。選挙をやっていると大マスコミの「伝統」に巻き込まれていくのがよくわかる。それを外すと報じてくれないので大きなマイナスだ。「伝統」をやっている若き優秀な記者たちも、なぜそうなのか、よくわかっていないのだ。先輩からの申し継ぎでやっているだけだ。

公約なんて、日々の取材から拾うのが当たり前だろう。昨日も囲み取材で「公約なんてないよ」というと、みんな困惑した。「ないと困ります」は見出しがつかないからだ。私は公約が出来るほど立派な人間ではない。だから「達成目標」としている。目標ならば、私が辞めたあとも、次の人が引き継いでくれるだろう。公約は個人に属するが、もし兵庫県に民主主義が貫かれるのであれば、正しい目標は私の後継者に引き継がれて、いつの日か、達成される。

何度でも書く。知事に必要な資質は「教養、哲学、覚悟」だ。「貧乏知識、根回し、居座り」ではない。あ〜、書いちゃった。それでもちゃんと出来れば大したもので、そういう独裁者を私はかなり尊敬しつつ各国で眺めてきた。資質のうちの「哲学」が私に「目標」と言わせている。

6月11日19時から神戸大集会であった。1000人のハコにはさすがにマネージャーのT－1君に大きすぎるのではないかと言った。すると彼は「ここに入らないくらいならそこで撤退しましょ」と。根性が座っている。

そこまで時間があるので、三宮のセンター街を歩いた。次々と人々が寄ってきてくれる。とはいえ、それは私の主観であって、9割の方々は関係ない、と思っている。別に私が憂うることではないのだが、この無関心が一番気になる。徹底的に道化師をやっているだけに。

途中に知事閣下の事務所があったので外から「知事閣下におかれてはご健勝のこ

とで」とご挨拶をしておいた。何しろ、姫路と尼崎とこの元町に事務所をお持ちなのである。私財をぶんなげている私はとにかくいくらかかるかには詳しい。知事の給与はいいにしても、やはり政党からお金をもらうのはいいなあ、とうらやましい。しかし、そこに賭けた政党が、私に対してどういうのか、私財でやっている身としては楽しみだ。何のしがらみもないからね。

知事閣下にご挨拶をしても反応は、白髪の紳士が一人出てこられただけであった。私の事務所は昨日もわさわさとボランティアの人がいて賑やかだ。先方は誰もいない。日曜日だからね。

18時ごろに会場に行った。それぞれのホールの入り口になるフロアに人がたまっている。クラシックだったかコンサートがあるのでそこの方々だと思った。ところが。20分ほどするとマネージャーのT−1君がひきつった顔をしてやってきた。「開場していいですか。このままだと外がヤバいんで」。私は今日、私のテーマソングを披露してくれる井出隊長と舞台で遊んでいたのである。

開場をした。舞台袖からはその様子がモニターで見える。今回は5人ほどのスタッフが会場に付いていて、すべての音響などの仕切りをやってくれる。その一人がモニターを見ながら呟いた。「これ、ごっついで」。T－1君の「このままやったらヤバい」の感覚だったのだろう。扉を開けた。埋まったのは三分の一くらいで、それでも私は「おおっ」と嘆声を上げたのである。これでも300人だ。これまでの41市町ツアーのたいがいが、こうした半分から三分の一の入りだった。どこからだろうか、満員が続いたのは。最初の丹波や三田のあたりはそうだったが、但馬に行くとちょっと悲しくなるようなシーンが続いていたが。それでもコソッと来てくれる人々が、好きだ。ホールをキャンセルしてくるような地で義侠に燃える人も好きだ。

満席なのである。びっくり。グランドツアーの最後を、パラパラであってもなんとか飾ろうとでかいホールを借りたのだが、2階席まで埋まった。選挙をしているのであって、コンサートやライブではないのだが。

ずっと語りっぱなしであったが、やや構成を考えた。最初に私がお話をして、そのあとわれらが精強無比なる読者が産んだ井出隊長に一曲やってもらう。

そのあと、高橋「ヨロン」茂さんと、私を孤軍奮闘で応援してくれている樫野孝人県議会議員との3人でのトークをした。金のとれるイベントをやった（笑）。

最後にピアノがあればやることにしている「ふるさと」の合唱をした。個人的な喜びはそれぞれの市町が大切にしているはずのホールのピアノに触れることである。そこで、その街の感覚がわかる。調律がされていないピアノはいらなかったものであってかわいそうだが、それがその地の首長の感覚だと言っておこう。

昨日はYAMAHAのグランドであって、キーの沈み込みが素晴らしい。もっとももう私はショパンなど弾けずに「ふるさと」すら、実は毎回危なくて緊張しながら弾いているのである。

話をした。集大成である。私は走りながら学習する人なので、兵庫県のすべてを回って、まことに学んだ。結論は「このままでは滅びる」だ。伊藤博文が最初の知事を務めた雄県たる兵庫県が、ひょっとすると夕張市のようになる。どうして止めるか。アホな金使いをやめればいいという単純な話なのだ。一つ一つは細かい。細かいからごまかされているのである。1億10億の怪しい投資がいっぱい行われている。もう耳タコだろうが私は何度でも言う。「その結果はどうかという報告を県民にしているのか」と。

それを捨てて「県政１５０年」のイベントをしようとしている。それで嬉しいのはあんただけでしょう。誰も県政１５０年を祝いませんわ。１５０年たって、この体たらくかとは思うけれども。

2017年6月13日

政策発表の記者会見を13時から県庁の記者クラブが借りた部屋で行った。断るべきかどうか悩んだ。倒すべき敵の「城」でしょう。そこに乗り込んでこちらの政策を話すというのは倫理的に私の考え方に反する。こちらで金払ってきちんと会場を借りて、メディアには来ていただくというのが筋だ。こまごまとした事務的なことで、うちの事務方トップの高橋「ヨロン」茂さんに、県職員のネームプレートを下げた方が話しかけてくる。それは違うだろう、と文句を言いたいがぐっとガマンする。

本来ならば記者たちが「違うだろう」と言うべきところなのだが、ここで大マスコミを敵に回すと田中康夫さんの二の舞になるので。だからこそ私は康夫さんを尊敬しているのだが、そんな勇気がないことを改めて感じる。現役の知事に矜持があれば、対立候補に県庁での会見はさせないだろう。だからこれは、象徴的なことだと私はむしろおかしかった。「貸してやる」なのだ。県知事閣下におかれましては決してやらないだろう。イジワルではない。今の県政に異論がある方ならば、自分で場所を借りてやるのが当然だ。そういう候補をもし知事になった私なら尊敬するだろう。

哲学、そして倫理がないのである。現職には。なぜここで疑問を感じないのだろう。あまたの国で取材をしてきた。反体制のリーダーの演説は命がけだ。タイで二つの色の勢力が争った時に、私はいつものように物見遊山として行った。ステージの上に立った。大マスコミはそもそも自分が来ない。ストリンガー（現地の助手）を出しているのだが、ステージ上には立たない。

狙撃されるからである。私が立った直前に一つの勢力で現役の軍の少将がそれをやられていた。私は立つ。するとステージ下に世界中のメディアがカメラを構えているのが見える。「危ないからこちらへ来い」と手招きしてくれる人もいる。それでも私はそこに立っていて、撃たれたら撃たれた時のことだと考えていた。日本国のためである。タイの取材に命をかける漢が一人いてもいい。

ずいぶんと、話が横に流れてしまったが、何かなあ、一つの覚悟というのはそういうものであって、それ一つを持ってショボい人生を生きていると言いたかったのかも。

副官論について書いておきたいので、やや脱線しつつキーボードを打つ。

文藝春秋の時代が、私の人生の華であったかと自嘲しつつ思うが、それは花田紀凱という人がいたからであって、私はあくまでも「副官」であった。私の人生で組織を率いた初の体験である少女マンガ研究会も、それを作った私が当然トップになるべきだが、それをしなかった。オノレの資質の欠如を知っているからだ。

当初は先輩を、あとは同輩を幹事長というトップに据えて、自分のために「幹事長補佐」というポジションを作った。あの歳でどれほど狡猾であったかと考えると、今回の闘いくらいはどうということはないとも、思える。亡母が心配したとおり、私はこういう世界に「向いている」のかもしれない。まあ、やってみますよ。表に出るのは本当はあまり得意ではないのだけれども。

余談が過ぎた。けれどもこれは「表」に出ることであった一日のために私の指が必要なことを書いたのかもしれない。

県庁での記者会見で、政策について述べた。もちろん各社が来ている。今朝は何度かにわたってコンビニに行ってすべての新聞を買ってきたが、だいたい記者諸君は私のニュアンスはわかってくれている。ここは地元紙ということで、神戸新聞だ。各紙良く書いてくれているんだけれども、代表ということでごめん。

（神戸新聞　６月12日記事より）

勝谷氏、子育て支援など公約発表／県知事選

６月15日告示、７月２日投開票の兵庫県知事選に立候補を表明しているコラムニストの勝谷誠彦氏（56）が12日、公約を発表した。子育て支援や行財政改革など具体的施策約１００項目をまとめた。

現県政を「費用対効果を考えていない事業が多く、財政状況が改善されていない」「情報発信力不足」「人口減少対策の効果が出ていない」と批判した。

また、「現場の声が上がりにくくなっている」などと多選の弊害を指摘し、多選禁止条例で「県知事の任期を2期までに制限する」とした。「就任後はまず県政を徹底的に監査し、明るく透明な兵庫県にする」とした。

「一番の柱は教育」と述べ、第2子以降の保育料無料化▽高校3年までの医療費無料化推進―などに着手。公約に掲げた「明るく楽しい兵庫県」を実現するため、自ら観光や食の魅力をPRし、大阪万博と連携して集客を図る。中小企業支援などで県民所得を増やすという。

必要な財源は「無駄なハコモノや補助金を削って生み出す」とし、県が県政150周年で計画する初代県庁舎復元構想は白紙撤回する。南海トラフ巨大地震対策もハード事業の必要性を精査して「逃げるためのソフト面に力を入れる」とした。

北朝鮮の拉致問題などを問題視し「朝鮮学校への補助金は廃止」と主張。「危険でコストがかかる」と「脱原発」も訴える。

やや、長くなったが良く書いてくれているので。他社にも感謝したい。私のポイントを押さえてくれている。1時間半にもわたる会見をした価値があった。質問もまことに素晴らしくて、兵庫はいい記者たちを持っていると、これは大変な資産ですよ。ぜひとも私の「哲学」を共有は出来ないだろうが「おもろいおっさんがおるなあ」くらいは伝えていきたい。なんだか、この連中と一緒に仕事が出来ると思うと、わくわくしてきた。これまでの、どの県にもなかった発信が出来そうだ。

ひと仕事だった会見を終えて事務所に戻って来る。集まってくれているボランティアのみなさんは日々増えていて、私はそのコントロールをしていないので申し訳ないことおびただしいのだが、えらいことになっているらしい。

2017年6月14日

尼崎市の自宅。

夜明けのコンビニには2度行く。ひょっとすると、と思って早めに行ってもやはり朝日新聞だけが届いていない。新聞の束の包装を指差して「来てる?」と聞くも、すっかり顔なじみどころか「いよいよ告示ですね。状況はどうですか」とまで聞いてくるほど私の私生活を知っている店員君は悲しげに首を振る。まだないのだ。産経新聞を買う。もちろん素晴らしい新聞なのだが、やはり朝日のすべての記事を読んで有料配信メールを書くのが、私の朝の脳トレだ。これはね、朝日新聞がそれだけ情報量として圧倒的だという意味で、むしろ褒めているのである。これを書き始めてから途中でもう一度コンビニに出かけて、ようやく朝日を手にすることが出来た。

その間、産経新聞を開いて仰天した。社会面のトップと言っていい場所にこんな見出しがある。

（産経新聞6月14日記事より）

兵庫県知事選あす告示／前例なき「5選」争点／新人3人は多選批判

「（兵庫県の）歴代の立派な知事は2期で辞めている。「井戸さらい」せなあかんのですよ」

11日夜、神戸市内で開かれた講演会で、コラムニストの勝谷誠彦氏（56）は、井戸氏の多選をこう揶揄した。4月27日の出馬表明から多選に批判的で、「米国の大統領でも2期まで。4期も5期もやっていたら、完全に独裁者といわれる」と言い切った。

もちろんあちらの言い訳もちゃんと書いているが、これが面白い。

井戸氏は「後継者を育てられなかったので、やむを得ず責任を取る形になった」と述べ、「茨城や石川の知事は6期目、5期はいないが、4期はずらりといる」と自身の多選批判を退けた。

いや、退けていないって（笑）。もう今となっては言うが、16年もやってきて「後継者を育てられなかった」のはオノレが無能なのでしょう。しかも、今回は総務省から副知事を連れてきていながらハシゴを外したのである。私はこうして立ち上がったが、彼のことが気の毒で仕方がない。現職がやっておられることは、人間としていかがなものかと考える。

他の多選を批判するのは、アフリカのンゴグギャチンコのあの独裁者が「隣も16年やっとるやんけ」というのと同じだ。幸い、秘密警察による虐殺で軍を押さえ込んだからなんとかやれている。ええ、今作った国名です。なんとなくありそうなのが怖い「ン」から始まる名前などが、アフリカでは多い。これも歩いているからわかることだ。

メディアのこの空気はまったく予想していなかったことだが、いつもの「大マスコミはクソだ」という私の考え方が、やや修正されつつある。若い記者たちとのやりとりはまことに気持ちがいい。考えてみれば私は大マスコミの役員や編集委員クラスとやりあってきた。ぺーぺーのころでも、文藝春秋の名刺によって、付き合う相手はそうだった。

今、取材される立場になって、もう記者たちがかわいくて、かわいくて。私の娘や息子の年齢なのである。目がキラキラしていて、この元変人で鳴らした記者を見ている。私も「何でも聞いて、何でも撮っていいよ」と言う。朝日新聞は先日の夕刊でやはり多選をテーマにした記事を書いてくれた。そこに加えて今朝の産経だ。私は「気持ち」がわかる。頷かなくていい、子どもたちよ。報道が制限される告示前のギリギリにこういう記事を入れてくれるということで充分だ。もし私が県庁にいることになれば、とにかく何でも語り合える空間を作るからね。

昨日もそうだった。各社、プロフィールと経歴と共に写真を載せる。これは完全にわが陣営の間違いだが、私の公式の写真が、どうにもならんようなものなのである。出馬会見で撮っていただいたものもそうだ。高橋「ヨロン」茂さん、マネージャーのT－1君も混乱の中にあって「こんなもんだろ」と出したのだが、有権者の評判がまことに悪い。本人とわからないとまで言われた。そこで「まさかこんなワガママは通らないだろうなあ」と思いつつ「撮り直して」と一社にお願いした。すると昨日、ほぼ全社がわざわざ事務所まで来て、撮ってくれたのだ。泣けたね。

頑張れ、若き記者たちよ。君たちと逢えただけで、どうなっても私はこの闘いをしてよかった。私を支えてくれている人々と逢えたことは、言うまでもないが。全身を耳にして、老いたる元記者の回顧話、いや自慢話にならないように気はつけているのだが、それを聴いてくれる。繰り返すが、もう私はこれだけでいいや。人は状況に存在が規定されるといつもいう。思わぬことでそれに出会った。君たちの作ってくれた状況が、私の存在を今生かせてくれている。明日死ぬとも、遺すものが少し見えた。ありがとう。

などとちょっと情緒的なことを言いつつ、私はあくどく動くのである（笑）。現職の方は論外としても、兵庫県にずっと欠けていたのは国防の意識であった。国防すなわち表裏として防災と言ってもいい。貝原俊民前兵庫県知事は不慮の事故で亡くなられたのであまり悪口は書きたくないが、阪神・淡路大震災の時の自衛隊出動に関して、さまざまな疑惑が取り沙汰されている。ちなみに現職の知事閣下におかれては同じ見解を示しておられる。「連絡がうまく行かなかったので出動が遅れた」だ。

私は、当時から違和感を抱いていた。『週刊文春』の記者のころだ。「これは嘘をついているな」と。はたして現場に入ると、自衛隊に対する嫌悪感が根本にあることがわかった。自衛隊はあの時、司令官の苦悩の決断で、ほぼ独自の判断で出動している。目の前に苦しんでいる人がいる時に座視することは、軍人として出来ない。PKO法しかなかった時代に、カンボジアの選挙で、投票箱の奪い合いの場に丸腰の自衛官が「巡視」という名目で、身体をはって投票箱を護っていたことを目撃したことを私は忘れない。

兵庫県は、中部方面総監部を持つ。大変に責任がある。兵庫県のみならず、西日本のすべての救援に当たる司令部だ。

自分でも変わっていると思う。商店街の一つも歩いて、みなさんの票をいただくことが大切だと、陣営も考えている。現職におかれては今この瞬間も票固めをしておられるであろう。そんなときに、私は「県と国家の国防と災害時の対応」を考えて、なんと将軍たちに会いに行った。もちろん取りもってくださる方がいて、これは私の日々の言動から、そちらの世界で「今こそ支援しなくてはいけない」という動きがあったからこそである。

以下、お名前まで挙げることで、迷惑をかけてはいけないので最初に言っておく。私はただ表敬と挨拶をしたのと、あともし一緒に仕事が出来ることになれば、こうしたいというプランを示しあっただけである。相手の方々も立場をよくわかっておられて、私の側にはいかなる計算もなかったと断言したい。むしろ、これまでの任務に対して、今ある立場として敬意を表したかったのだ。

最初は海上自衛隊阪神基地へ。ここはなかなか大きな海軍さんの基地なのだが、知られていない。基地隊司令である山崎浩一一等海佐、つまりは大佐殿と談笑した。

副長の井窪誠史大佐殿も。この基地の存在は、もっと県民に知らしめたい。

伊丹へ向かう。ここの駐屯地と師団司令部は西の鎮めである。繰り返すが、私は選挙のためにこうした方々を訪れているのではない。これは迷惑をかけないために繰り返し言っておく。私は今、一私人であり、国防の応援者として、ずいぶんと頑張ってきた自覚はある。その私と会ってくださるというのは、こうして国防の宣伝屋として、わが戦友、不肖・宮嶋茂樹と同じことなのだ。ただし。

もし私が兵庫県を任されることになると、その日からまずは災害、そしてひょっとして国防の責務が生じる。その前に、お互いに顔を見合わせておこうとは考えた。就任の翌日に何か起きるかもしれないのだ。こんなこと考えているのはおかしいですか（笑）。戦場をいささかでも知ると、そうなる。「柔らかい脇腹」を相手は狙って来る。今からタフになっておかなくてはいけない。

伊丹への運転はガニー・イケダだ。将軍に会って「うちの先任曹長です」と言うと笑ってくださる。ガニーの風貌が、いかにもなのだ。映画に出したいくらい。

現地部隊である第三師団は司令部の幕僚長の福元洋一一等陸佐殿と闊達な話をし

た。自衛隊に対する国民の視線がずいぶんと変わってきたと私は言ったが、もののふは笑うばかり。私が言うことであって、もののふはただ微笑しているのが国がらというものである。誇りだ。

中部方面隊の司令部までお邪魔した。幕僚長の蛭川利幸陸将補は伊丹駐屯地の司令でもあられる。雑談をしていると「総監がおられるはずです」となって、なんと鈴木純治陸将がおみえになった。いずれも皇軍ならば、中将、大将といったところか。会話の内容はなかなか書けないが、私が兵庫県をやるようになれば、治安や防衛、災害出動などに関して、こうだなあという「哲学」を語った。もし任せていただくのならば、県民の命を預かるので、まずはこうしたことはしておかなくてはいけないと考えたのだ。

任せてください。現場の防人との信頼関係こそが大切なのである。今回、お目にかかった方々が、まもなく異動するであろうということまで、私は把握している。だが培った絆は崩れない。選挙も前なのに、私はいざその時のためにやっておこうと考えた。軍事を知ることを少し還元しようかと。

ちなみに。これは誰から聞いたとは書かない。しかし複数の幹部からうかがった。

兵庫県は阪神・淡路大震災の慰霊の場で、警察と消防を前列に並べてその名を呼ぶ。自衛隊は2番目の列で、呼ばれない。些細なことではある。でもね、私はこれは許せないのだ。トップの意識の問題だ。警察と消防が頑張ったのはわかっている。それでも自衛隊をなぜ同列にしないのか。

兵庫県知事は不敬である、と敢えて言おう。私が名付けた「平成の玉音放送」で、天皇陛下はまず自衛隊の名前を挙げられた。昨日の会見でも、そのことを言うと将官たちの目が潤んだ。悔しかったのであり、報われたと思ったのだ。あの東日本大震災の時のわれらが防人たちの献身的な活動は、陛下のお言葉があればこそである。

2017年6月15日

檄《げき》。

大和島根の誇るうまし国たるこの兵庫の山野を、明るく楽しく生きる人々のために、あるべき姿に戻すべし。ただ生きても一生、善く生きても一生。不肖この私は、身命を賭してその命題のために邁進するものである。

なにとぞもろびとの支援あらんことを。

わが命は今日ただ今からなきものと考える。あまたの人々の、旧弊たるものを打ち倒す闘いへの集いを願って、本日ここに檄を飛ばす。


3時起床。神戸市のホテル。

あと数時間でいわゆる「第一声」だ。三宮のセンター街入り口の向かいあたりでやることになるかと。私としてはいつもの演説の一つなのだが、ここが日本国の面白いところで、メディアのみなさんはとても重んじる。場所取りも陣営ごとに談合したりする。面白いなあ。

政見放送の収録があった。最初はラジオ関西。なるほど、こういうものかと。とにかく平等を大切にする。それはいいのだが、なんだか白州に引き据えられたようである。時間は5分30秒。編集はしない。候補予定者は2度まで撮り直しをすることが出来る。これは、初体験の人には相当なプレッシャーだろう。

プロとしての矜持がある。紙も見ずに5分30秒きっちりでラジオの収録を終えた。ふふん、てなものでスタジオを出ようとするとマネージャーのT−1君が。「初代知事について、伊藤博文と言うべきところを、別の知事さんの名前を言っておられましたが、あれでいいんですかね」。私はまったく気づいていなかった。仕方ないと、撮り直し。屈辱だが仕方がない。前回とまったく違う話をしたと現場は驚いていたが、即興性を重んじているのでね。

次はＮＨＫ。これはもう何か、切腹の儀式のようでしたねえ。次々と文書が読み上げられる。いずれも「お上」が「申し渡す」と言ったものである。完全な平等を期するためらしいが、こういうことから変えていかないと、日本国の選挙はダメだ。「他の団体その他の誹謗中傷をしないでください」って、都知事選などではアブない候補がそれを言うために出てきているではないか。

私が本当の泡沫候補であれば（いや、そうかもしれないが）この一つのことで訴訟を起こす。憲法で保障されている表現の自由と、公職選挙法の規定ではどちらが上なのか。もちろん一般法よりも憲法の方が上位である。これは酷いと思った。なぜこれまで選挙をしてきた人々が猛反発しないのか。それは憲法もろくに読んでいないからだ。

最後はサンテレビだった。民放代表ということではなく、兵庫県だけを（実は大阪府もだが）カバーしているサンテレビが政見放送を担うらしい。私のここ何年かの家のようなところである。ところがサンテレビの矜持は、私が親しくしていた人々を絶対に出してこないことである。このサンテレビの健気さには、感動する。長い付き合いで、その本質がわかっているからだ。決して「お上」に媚びているわけではないと。

すべて終えて戻って17時ごろだったろうか。昨夕のわが牙城は、完全に梁山泊と化していた。「九州から来ました」「札幌からです」と名乗る義士たちが次々とやって来る。多くは私の日記の読者だ。今朝のポスター貼りのために集結してくれているのである。3階のスペースで、T－1君とヨロンさんその他のスタッフが分担を決めて、説明をする。人々の情熱の圧力に、もうヘロヘロのわが陣営がなんとか耐えている。

みんな、2階の本部を通過していくのだが、そこに私が朦朧として歩き回っている。実務をやってくれている将兵にとってはむしろ邪魔で「あっちで座っててください」と、飲み物などをあてがわれているのである。本職が介護師のS嬢などはもはや私の専属となっていて「従軍慰…」あかん、また殴られる「従軍看護師」と言われている。ゼリー呑ませて、背中をポンポンは「介護の現場で慣れていますから」。はあ。もっと体力、まだ温存しているつもりだったのに、まことに情けない。

するとそこに巨体が現れた。どう見てもトトロである。「こんにちわ〜」と言うとボランティアの一人が「あっ！パロマスだ」。麺通団の社長まで登り詰めたパロマスは、もはやみんなのヒーローなのである。事前の連絡もなく、突然、現れた。これ、まことに嬉しい。「マスターと呑んで来ィな」とみんな言ってくれる。私のストレスがそれで抜けると考えてくれるのだ。とはいえ、首席秘書官と参謀総長が頭を寄せて対策を考えている時に、私がそんなことでいいのか。「その方が、こっちも気ィゆるむし。うろうろせんとってください」。はい。というわけで、パロマスと近所の店へ早々に。告示前日とは思えない私のぬるさである。

さすがはマスター、目のつけどころが違う。「ほうほう、なんであの事務所、美人ばっかりなんですか。男の人もあったまええし。よう集まりましたね」。その通りだ。美人云々はコメントを差し控えるが（笑）とにかく華やいでいることは間違いない。私はあまり運命を信じるわけではないが、モノゴトが動く時には、なんとなくそういうことがある。おそらくほとんどはあとで作られた物語なのだろうが、史書を読むとそうなっている。人々の気持ちの問題なのか。

パロマスが来てくれることそのものが一つの「吉兆」なのだ。明るいところには虫も鳥も集まっていく。今はまだ、どういう義士たちが来てくれているのか迷惑がかかるといけないのでなかなか書くことが出来ない。勝っても負けても、やはり小説かな。群像物語として、これほど面白いものはなかなかない。みんな、登場してもらうから、このあとの本番も、面白くやろうぜ。

告示

2017年6月16日

初日にして選挙制度の時代遅れ感に呆然としている。告示後の選挙カーに初めて乗った。病院や学校の近くでは音を絞るとか、候補者はシートベルトをしなくていいとか、いずれも法律に書いていることではない。「現場での裁量」が幅をきかす日本国は法治国家ではないのではないかという指摘はここで再三やってきたが、まさにそれ。究極のそれ。

公選法を読み込んでおいた私としては「どうよ」と思うのだが、ここに至って助けてくれる「選挙のプロ」のみなさんは伝統芸能の継承者であって、次々と指摘をしてくれる。つまらないことでしくじってはいけないので、感謝しつつ従うしかない。

とはいえ、どこかでちょっと根本的に考え直した方がいい。国政の選挙区の割り直しがうまくいかないのも、心の底からよくわかってきた。おそらく議員たちもみんなヘンだとは思っているのだ。ところが「選挙の神聖さ」のごとき「宗教」がこの国では出来上がってしまっていて、身動きがとれない。憲法9条を神棚に祀って、日々拝んでいることに通じるのではないか。

5月28日に告示された地元の尼崎市議選はもう投開票が済んだが、まことに勉強になった。今のようなアナログな選挙制度を続けるなら2000票で当選のこのくらいの規模が限界ではないだろうか。尼崎市議選は42人が当選だ。

リアルに見ていたので面白かったなあ。私の陣営のボランティアがこちらにしばらくとられたのは辛かったが。それだけ内情の報告も聞けて勉強になった。あっと驚く高齢の多選議員が相次いで落ちたのには、尼崎市民のセンスを感じた。もちろん上位を独占した公明党の地元産業的な強さも（笑）。ともあれ「顔が見える選挙」であることは確かだ。「誰々さんはね」と呑み屋でもみんながしゃべっている。40万人程度の街で数十人が争うとこういう風景になる。

兵庫知事選。500万余の人々が日本で唯一、日本海から瀬戸内に抜ける巨大な県土に住んでいるのだ。そこを4人で争う。気が狂いますよ。やっていて言うのも何だが。ポスター掲示板が1万3000箇所。告示当日にそれを貼りきることが出来るのは、よほどの組織力がある政党を持っているか、まあ新興宗教などがバックにいる候補者だけだ。

つまり非関税障壁ならぬ立候補障壁がそもそもあるので、この異様な体験を今後訴えていくためだけでも、とりあえずドンキホーテをして良かったかと。負け犬の遠吠えと言われてもいい。

兵庫県の場合、ずっと現職の方が強かった。理由はただ一つ、対抗馬が出ないからだ。共産党は頑張ってきたけれども。よほどの組織と資金力がないとどうしようもないのである。だから私のようなキ印が出てきたことに仰天されたのではないだろうか。支援組織はゼロですべて自腹で出る奴がいるとは、と。いるんですよ、ここに。すってんてんになっても別に困らない。こういう奴がもっともタチが悪い(笑)。

その上で、選挙の厳しさと現職の強さを実感している。1万3000箇所にポスターを貼らなくてはいけないなどという状況は、民主主義の敵だ。金と組織がある人しか出られないではないか。これをぶち壊してやろうと、私は道化を演じているのである。茫々としか言えない県土を2台の選挙カーで回って何が出来るのか。誰が聞いてくれるのか。やってのけたが、選管の証紙を貼ったハガキを何万枚も出す。これが出来ると考えて立候補する人は数少ないだろう。諦めるだろう。そこが既得権を持っている人々のつけめだ。

文句も愚痴も言っていない。それを自分の力でぶち破ってやろうと今こうして戦っているのだから。インディーズをなめるなよ(笑)。昨日も神戸市内などを回りながら、私のスタッフは「あっ、ここ、ない」などと、私のポスターが抜け落ちているところで動揺するが、私は落ち着いている。「投票日までには全部貼られているよ」。告示日に完璧に貼られているというのは、ある種の動物同士の威嚇に似ている。まあ、もちろんそれも大切なのだが、私は、やや微笑んで、そしていささか瞼を濡らしながら、余白のある掲示板を見る。むしろ「よく他は貼ってくれたなあ」と呟くのだ。

1万3000箇所にポスターを貼れなどと言っている限り、本当の地方自治、民主主義はありません。このウェブの時代に何とくだらないことをやっているのか。ここで「掲示板利権」について暴露しようと思ったが、頭の中でやはりT－1君が「それは今はカンベンしてください」とわめいたのでやめておく。

とはいえ。梁山泊《りょうざんぱく》と言われているわが事務所に全国から続々と好漢たちが集結して来る光景には戦慄するほかはない。私は外に出てナンボなのでみんなとの触れ合いは選挙カーが出動する時くらいしかなかなかないのだ。昨日、出るともうこの日記ではお馴染みの「日本海の豪傑」がなんと路上に立っていてくれた。元鳥取県庁の大物「鳥取のチョウチンアンコウ」こと安藤隆一さんと「日本海に翔ぶ詐欺、もとい鷺」谷本亙さんだ。かつて「地酒列車」を走らせた仲間であることは、拙著を読んでいただくとわかる。

泣くね。二人とももうほぼリタイアだが、それがわざわざ来てくれるのだ。「日本海側のポスター貼りは任せろ」という。鳥取県と金沢から来てくれるんだぜ。二人とも日本酒つながりだ。そして地域興しの天才である。現実に、いくつかの町や村を興した人たちが、ポスター貼りをしてくれるのだ。兵庫県民、幸せだ。

慌ただしく握手をして選挙カーに乗り込もうとすると、もう一人。「韓国から来ました」と言う。さすがに立ちすくんだ。「投票権はないですが、何か、お手伝い出来ませんか。日記、読んでいます」。日本語は完璧なので、この拙文も読んでくださっているのだろう。何十秒しかなかったが、私の感動をわかってくださっただろうか。昨日もアメリカから来た読者が、日本語のハガキの宛て名書きを必死にやってくれている。韓国から来た青年が目の前にいる。何なんだ、この選挙は。スタッフの前で「これは兵庫県の選挙ではない。全国区で戦うのです」とは言ったが、なんだか世界規模になってきた。

ちゃんとフッーの選挙日記も書かなくてはね。第一声って、そんなに大変なものなのかは、昨日の夕刊や今朝の新聞を見て、なんとなくわかった。正直に自分のことを言っているのはいいと思ったが、別記事ながら着ているものまで論評されているのは驚いた。

2017年6月17日

今日は加古川方面を回る。明後日も播州方面なので、これから2日は姫路泊まりだ。事務所には実にさまざまな方がおいでになる。ネット上のサイトを作ってそこへの訪問者はずいぶんと愉しませていただいたが、実際にハコがあってリアルに握手出来るというのが、こんなに素晴らしいとはようやく気づいた。もっとも、私は外を回っているので訪問者の「足跡」で気づくことがほとんどだ。たまたま休息に戻っていたりすると「あっ、ホントに会えた」と言っていただく。まことに申し訳ないというほかはない。

昨夜戻ると伊藤誠という名刺にメッセージを書いて残されていた。かつての私の上官である。大学のサークルでのこと。私たちが創設した早稲田大学少女マンガ研究会の草創期の幹事長、つまりはトップだ。1981年に私たちが作ったわけだから、36年！　会社の寿命がだいたい30年と言われているので、これはどえらいことです。文化系でもスポ根的なクラブを除けば。ちょっと自慢すると「軍人」である私はこの組織の制度設計をやった。目標は「存続する組織」だ。軍とはそういうものなのである。まんまとあたったというほかはない。

伊藤君もまた「軍人」であって『りぼん』や『少女コミック』の話題の合間に潜水艦や飛行機の話で盛り上がったものだ。設立時からまもなく、私は彼を幹事長に担いだ。人徳と調整力があるからだ。私は幹事長補佐というポジションを勝手に作って就任し、みんな一期で交代するのに、居座ってコントロールした。「やめなよ。知事になってもそういうことをやるかと思われるんだから」。あっ、突然の高橋「ヨロン」茂さんの登場だ。そういえば以前、そんな話もしたっけ。

ともあれ、篤実《とくじつ》という言葉が額に貼られているような人なのである。だから私はトップに据えた。そのあと、私たちのサークルの縁などもあってリクルートに入社。今はグループのKADOKAWA、つまりは昔の角川書店で、デジタル推進局で複数の部署の部長を務めている。しかもいくつかはコミック関係であって、あのころの夢を、代表して実現してくれていると言っていい。お互い忙しいので、普段はそんなに会うことはない。

彼からのメッセージは、「今日、ポスターを貼っていると、声をかけてくる若者はじめ、主婦、ご老人、小学生と力強い反応がありました。勝てると確信した。1日だけしか手伝えなかったが、頑張れよ!」。「汗をかいたからね」とトイレで顔を洗うふりをして、私はこっそり泣いた。すみません。KADOKAWA。あまたの部下を持つ幹部を友情のせいで、拘束してしまった。しかも、陽に焼けてのポスター貼りだ。こういう世界では部下を派遣するということはよくあると、やってみてわかった。しかし。彼は、違った。

でもね、伊藤君、そうなんだよね。少マン研の絆は。そもそも軟弱なはずのサークルがいつも国論について口角泡を飛ばしていて周囲から異様だと見られていたもの。身内がこういうことをやるなら、国士としての君は黙っていられなかったろう。

たまたま一つの例として、古き友人をあげたまでである。敢えて言えば、親友がやってくれたことはまだしもわかる。まったくお目にかかったことのない方々が、全国から集まってきて、ポスター貼りをしてくださる。せめて事務所で直接お礼を申し上げたいと思うのだが、私は司令官であると共に前線に出るべき兵士でもある。みんなの気持ちにむくいるためにも、鞭をふるって矢弾の中に突撃するのである。

泣くなよ。私が我慢しているのだから。同じ車でなくてよかった。神戸と尼崎を回った。スピーカーを積んだ選挙カーと、先導車の組である。先導車にはS嬢が乗っている。これが、化粧が落ちるくらいに泣き続けたという。私も涙腺がやや、危うかった。しかし候補が泣いてはいけない。ときどき人指し指を右の目尻に差し込んでいた。

私は選挙カーの左の助手席に座っている。窓を開けて手を振っているわけである。

こういう光景はこれまでもニュースなどで見ている。みんな「迷惑だなあ。うるさいなあ」と思っている顔が映り込む。ところが。私に対して、こっちが手を振る前に、みんな手を上げる。ニコニコとして振ってくれる。まったく意外であった。こんな街宣なんか、正直言ってやりたくないと考えていた。ところが、一人ひとりの目を見て手を振りあっている。550万人の人々と本当につながっているのだと、やっと実感した。

ひどい候補である。ナメていたとしか言いようがない。まず私の経験から言う。いくつかの国で革命の前夜に立ち合ってきた。その時の空気に似ている。わが精強無比なる自衛隊は政治から離れているから動かないが、だいたいはここに軍が加わる。人々の動向を見て独裁者を追い落としたのがフィリピンであった。その瞬間にはいなかったが、空気が似ていることはわかる。

声が先に届いているのでしょうね。私の名前を聞くと立ち止まって準備してくれる。だが、後ろの席にいたスタッフは「相手は手を振ってくださったのに、こちらは通りすぎてしまった」と悔やんでいた。申し訳ない。選挙カーの音量はかなり大きく、病院や学校の前では絞る。とはいえ、家の中には届く。そこで驚いた。ドアを開けて、人々がわざわざ出て来てくれるのだ。そして手を振ってくれる。いくつかの選挙に主役ではなく手伝いをしたが、こんなことは初めてだ。

ウグイス嬢が乗っている。金がないので徹底的にボランティアでやろうと考えていたが、ここでプロにお願いしたのは正解。経験値が違う。私もとても勉強になる。その一人が「200を超える選挙をやってきましたが、こういう異様という反応は2度目です」。無駄にプライドの高い私は気になる。「もう一つとはどこですか?」「橋下徹さんが初出馬された時です」。沈黙(笑)。

タクシー話を2題。いずれも神戸の市街地のやや山寄りを走っていた時だ。信号で、右側に並んで停まったタクシーがいきなりこちら側の窓を開けた。「応援しとるで~」。乗客が言ってくれるのはわかるが、運転手も必死に手を振っている。どちらが主導権をとって窓を開けたのか。次は川沿いの狭い道で。前を走るタクシーが停まった。何ごとかと思っていると、いきなり運転手が降りてきた。客は乗っていない。

開け放していた私の窓のところに来て握手を求めるのである。

終わりは三宮のハンズの前に選挙カーを停めて、上に乗って演説をした。とっても好きである。自制している。こういう場からアジテーション演説をするのが、子どものころからうまくて、だからこそ自制している。そういうことで人々を乗せてはいけない。小さな政策の積み上げでなくては。なんて言って、そこに立つとやっちまうんだよな。

テレビのことをいつも言われるが、あれは私のアジテーションなのである。まあそれはそれで、だから今こうやって戦えているのだが、小さな声で言う私の言葉をもっと拾っていただくと、理解が進むと考える。

2017年6月18日

姫路市。

ポスター貼り1万3000箇所が達成出来たのは、ヨロン参謀長の狂気の「すべて紙からデジタル化せよ」という指令に応えて、デジタルボランティア戦士たちが短時間にやってのけたからである。おそらくいささかでも選挙を知る誰もが予想もしていなかっただろう。「デジボの元祖」である安曇野の軍師も「マジかよお」と讃歎《さんたん》していた。元々ぬるい人なので、それで終わりだが、私であれば涙を流してぬかずいていたであろう。

フッーは選管がよこした紙をコピーして住宅地図と照らし合わせて1万3000箇所貼りに行く。こんなこと、組織がある候補者しか出来ない。前にも書いたが「参入障壁」だ。私たち義の軍団は「そんなら壊したろ」と考えたので、最初は徹底的なアナログな人海戦術でやったのだ。入力はね。こうするとデジタルの地図にすべて落としこめる。現場部隊はそれを手にとって出動したのである。かくして、ほぼ完全制覇。どこの誰が10人程度しか事務所に常駐していないショボい集団がやってのけると想像したことだろう。

私とヨロンさんとT-1君は育ちの悪い悪魔なのでヒッヒッヒと笑った。兵庫県のさまざまな選挙がある限り、私たちの「看板の掲載場所をデジタルデータ化した地図」はとんでもない「商品」になる、と気づいたからだ。あとは微修正していけばいいだけなのだから。ワンセット、ン十万円で、誰もが殺到する…冗談ですよ。無償のボランティアで作り上げたものを金に換えるわけがない。これは私たちだけが持っている「宝」なのだ。

加古川市を中心にやろうと思っていたのだが、その手前の高砂市があまりに魅力的なので、まずそこから入った。回るプラン表を見ると「イオン」の文字がずらりと並ぶ。これにはあらためて衝撃を受けた。昨日、どこに人が出ているかを、地元の工作員を駆使して調べたのだが、ことごとくイオン、もしくはイオンモールなのだ。「そんなわけないだろ」と高を括っていたが、終わってみると「すみませんでした」。10万人そこそこの規模の自治体の「中心街」がどこにあるのかを、ここまで現実に感じたのは申し訳ないが初めてだ。これまでの私は無責任な「旅人」だったと反省する。

こういう歩き方をしてみないと、わからないことがある。もはやかつてのアーケード商店街はバイパス沿いに取り替わられている。あまたの講演会で「それはあなたたちが選んだことでしょう」と私は言ってきた。旅人としての見聞をもとにしてはいたが、あらためて徹底的にこうして歩いた。なぜならバイパス沿いにしか人がいないので、選挙カーもそこを走るし、街頭演説もそこにあるショッピングモールで行うからだ。

なかなかみんなの耳に届かない。こういうカタチでの選挙活動はこれまた時代遅れで限界だと感じる。人と人の接触が希薄なのだ。車の窓を開けてわざわざ信号での停車中に手を握ってくれる人もいる。とはいえ、根本的に考えなおさないとなあ。自分の当落よりも、選挙制度そのものの改革を考えてしまう私はやはり馬鹿なのだろうか。

とてつもなく貴重な体験なのである。授業料もまた、とてつもなく高いが。今後の私の執筆と講演ネタに大きな柱が出来た。「日本の選挙はおかしい」。民主主義の根幹を支えるはずのことそのものが、時代遅れで狂っている。選挙区の引き直しも国会でなかなか進まないが、今の制度下で細かなことを改善していくことはすぐにでも出来る。知事になったら条例で出来ることを考えたい。こんな愚かなことを後輩たちにさせるわけにはいかない。仮定もあつかましいが、言っていることも傲慢だ。通ってから言えと（笑）。


神戸新聞ではすべての候補の詳しい政策が出揃ったが、いずれもなかなか読ませる。現職を除いて。みんなで「オール兵庫」を作ればいいと思うほどだ。県政の改善点をそれぞれの立場から見ているわけで、私としてはすべてを参考にしたい。ありがとうございます。今回の選挙はかなりハイレベルな場所での戦いだと、恵まれている自分を思う。これは兵庫という豊かな県の贅沢さなのだろうが、ハコものの話はほぼ出なくなった。ソフトを巡る論議だ。

まことにいいことだと思う。国政よりもはるかに地道に、人々の生活の細かなところをどう「楽しく明るく」していくかに、それぞれの候補の目が向いているとすれば嬉しい。選挙のこういう効用も知った。切磋琢磨する場なのである。いつも言っているように、異なる意見が出会ってアウフヘーヴェン（止揚）する場なのである。カッコいい選挙を兵庫はなかなかやっているというほかはない。

加古川周辺にお邪魔した最後は駅頭であった。告知はしていたものの、こんなに人が集まってくれるとは思っていなかった。

世界中で見てきた。根性据えて革命のための話を聞く時に、人々は座るのである。これはカリスマに対する敬意でもある。私はもちろんカリスマではないですよ。でも、なんとなく人類共通のその意識が伝わって来る。「通りすがりではなく、自分のプライドかけとんのや」（国によっては「命」となる）であって、感動した。しかも、もっとも声が届かないと思っていた若い有権者だ。

短い演説である。だが拍手を頂戴した。話すたびに自分が兵庫県をいかにちゃんと識っていないかと、胸がつぶれそうになる。それでも手を振ってくれ、拍手をしてくれる。何かなあ。私がいささかでも、いいわけではない。これまで16年続いてきた時代があった、それを破るドンキホーテが出て来たというだけであると、思っておこう。まあ、こういうことをやるのが「ただ生きるな、善く生きよ」とだけは考えてきた私の一つの決算なのかな。会社では決算は当たり前。兵庫県はちっともちゃんと株主たる県民に決算報告を伝えていない、とずっと言っているが、私が一番いい加減なのかも（笑）。

2017年6月19日

姫路市。

相貌がどんどん変わりつつある。元々髪を染めてやや長くしたのでここでもう、以前の私とは大違いなのだが、更に、わずか数日だというのに猛烈に日焼けした。色眼鏡のところはやや色が薄いので、逆パンダだ。レッサーパンダに似ていると言われては来たが、白黒パンダの逆バージョンになってしまっている。首は襟の上だけがくっきりと焼け、腕はTシャツから出ている部分。

全県を回っての膨大な数の演説は、言葉びととしての私をも鍛え直してくれつつある。告示前の集会では長い話をしなくてはいけなかった。今ではそれぞれのスポットで5分程度だ。この短い時間で「この人、ひょっとしてええんとちゃう?」と思っていただかなくてはいけない。

これまでやってきた講演の長さは基本的には90分だ。紙一つ持たずに90分話すのは一つの偉大な芸だと考えてきた（自分で言うか）。しかもご当地の話題を入れて、その場の聴衆の反応を読みながらジャズのようにアドリブを入れていくのだ。今回やっている5分の方が、はるかに難しい。しかも野外である。ホールならば立って出ていくのにはちょっと敷居が高い。だが、屋外ならばスッと立ち去ればいい。幸い、これまでにそれを目撃したことはなく、これはこれで私の芸がそれなりに効いているのだろうと考えるが、毎回ハラハラしているのである。

姫路市を中心に回った。久しぶりに見るお城は化粧直しをしたせいもあって、まことに美しい。いいタイミングでやったものである。東京五輪、あるかも知れない大阪万博という二つの巨大イベントで外国人ツーリストの来日は確実に増える。その場合、姫路にまで足を延ばしてもらうというのが、知事の仕事だ。そうなれば神戸には当然、寄って貰えるだろうし、さらには県の中部の美しい田園地帯、但馬海岸の絶景も、つまりは「兵庫一周ツアー」を企画して売り出したい。徹底的に41市町を巡った私は、最高のセールスマンだ。元々そうした本を書いて飯を食ってきたのだから。

朝一番は姫路駅頭であった。なんと、現職の候補が演説をしておられた。もちろん割り込むことなどせずに選挙カーを離れたところに停めて待つ。私は車から降りて聴衆の中に混じった。大勢集まっていて、大したものである。一番前に出て腕を組んでお説を拝聴した。すぐに気づいた候補は眼がキョトキョトされている。左右に県だか国だかわからないが、バッジをつけた議員らしき方々を引き連れている。

候補の方が「おいでになっていますと」と私の名前を挙げてくださったので、進み出て握手をした。そのあとも聴き続けたが、決してイヤガラセではない。どういう施策案をお持ちなのかを知りたかったのだ。いまだ不勉強な私に授業をしてくださっているようなものである。ところが、これが、わからない。何を言っておられるのか不明で、やたらと数字はあげるのだが、それは現状の説明であって、これからどうしていくのか、ずっと低迷している県勢をどうやって回復していくのかというビジョンがわからない。

知事については、知る人はみなが異口同音に「いい人ですよ」と言う。それはよくわかった。笑顔を絶やさず、小柄でおられることもあって、愛されるキャラクターだ。知事で「いる」あいだには相応しいであろう。だが壊すべきものを壊す時にはどうなのかなあと、これはまあ私の感想だ。私もずっと演説では「テレビの印象とは違って、実はいい人なんです」と売り込んでいるのだから、人のことは言えない（笑）。

知事が場所をお譲りくださったあと、私が立ったが、ゆきずりの方々が足を止めてくださる程度だ。ただ、演説を終えても誰も立ち去らずに私と握手をしてくれる。

さきほどの聴衆がたちまち立ち去ったのとは違う。あちらが動員をかけられたのかどうかはわからないが、空気が異なることは感じた。

偶然とはいえ、お目にかかれ、主張を伺えたことはまことによかった。共産党の津川知久さんとは西神地区の街頭で、元加西市長の中川ちょうぞうさん（漢字が難しいのでポスターなどの表記でごめんなさい）とはわざわざ事務所を訪ねてきてくださって、いずれもお目にかかっている。これで他候補すべてとお話をさせていただいたわけで、勉強になった。選挙という異様な空間をどこかで書き遺すためには、ありがたいことである。


続けて一番の商店街である、みゆき通りを歩く。先日も書いたが、兵庫県民が集うのはほとんどがイオンモールになっている中で、ここのように商店街が賑やかなのはまことに嬉しい。姫路市でも昨日も結局、演説先はイオンモールばかりとなった。日曜日の人出を考えるとそうなるのだ。

イオンが悪いのではもちろんないが、日本国の現状の一つの風景として、哲学的にさまざまに考えさせられた。若い人たちが対人関係に欠けるとずっと書いてきたことだが、スマホを見ながら歩いてこちらに眼を向けないことと、買い物などで、車でモールに行って人との接触があまりないことと、どこかでリンクしていないだろうか。

こういうことに気づかせてもらうだけでも今回は面白く、楽しいし、モノ書きとしての余生にどれほど役立つことか。日本国のど真ん中と旧軽井沢に住んでいては上辺しかわからない。一方で尼崎の家は下町にあって、ここは商店街的な空間が残っている。イオン文化がかくも制覇していることを学んだのは、今回のことがあったおかげだ。

昨日はＮＨＫのクルーが密着した。別に私だけに興味があるわけではなく、４候補すべてをやるらしい。公平性に気をつかっているので、私も最大限の配慮をした。インタビューの立ち位置から音声の加減まで、きっとうるさいおっさんだったと思う。だって若いディレクターをつい助けてあげたくなるのだもの。やる以上はいいものを撮って欲しい。私のためというのではなく。東京都議会選が注目されているので、兵庫県知事のそれはどうしても忘れられがちだ。どんな形でも、低迷している投票率を上げたい。「私に投票して」ではなく「とにかく投票所に行って」とずっと訴えている。だからメディアが扱ってくれることは嬉しいのだ。

2017年6月20日

播州ツアーからようやく帰宅。旅ばかりの人生なのでホテル住まいは苦ではないが、呼んでいただいてご馳走になることがほとんどであったのに比べて、やはり疲労の蓄積度が違う。私の方がチームのスタッフへの気配り、手配りをしなくてはいけないので、これまでとは逆だ。そのチームの結束力と犠牲的精神にはもう、言葉がない。候補の性格もあるのだろうが、どう見ても前線で戦っている部隊である。規模から言って、分隊か。

司令部である事務所に戻ると、これまた軍隊。あちこちで電話に向かって怒鳴り、紙を持った将兵もといスタッフが走り回っている。高橋「ヨロン」茂参謀長はいつもの参謀長室でどっしりと指示を飛ばしたり、記者たちと雑談をしている。こんな表現をすると「軍靴の響きが聞こえてくる」などと批判されそうで、今はそういう地雷を絶対に踏むなと参謀たちからきつく言い渡されているのだが「軍事を知る」私だから言える感想なので勘弁していただきたい。

私の座右はご存じのように「軍事を知らずして平和を語るなかれ」だ。人類が作り出してきた組織で、残念ながらもっとも洗練されてきたのが軍であった。日本国でも、だから平和貢献災害援助に国軍が出るのである。「明るく楽しい兵庫県」をとにもかくにも創るための「県民のための平和の部隊」だ。だからかかる表現を許していただきたい。

調子に乗って続ける。その司令部に「義勇兵」が続々とやって来るのである。いくつかの国でそういう場面に出会ったことがある。窓口で姓名を名乗り従軍したいと申し出る。顔に決意がみなぎっている。なにしろスタッフは眼がつり上がっているほど多忙なので、時に居合わせた私が対応すると、びっくりされてしまう。「候補が出てくるなんて、大丈夫か、この陣営は」と顔に書いてある（笑）。事務所でもっともヒマなのは私なのだ。「邪魔だけはせんといてください」マネージャーのT－1君。私の分身は今は中央工作のために東京にいて、戻ってきてから私が行ききれない県内の地域を回る。私の「関羽」ヨロンと「張飛」T−1君は、だんだんと司令部を守るのと、外征に出かけるのとという役割分担が出来ているようだ。「義勇兵」と勝手に名付けたボランティアの方々は、私の知らないところで横の交流もずいぶんとあるようで、まことに嬉しい。こういう「絆」が兵庫県を盛り上げていくわけだが、何しろ全国、いや世界中からやって来てくれているので、今後のこのネットワークは大きなものになるのかも知れない。

みんな、私を叱ってくれている。ボランティアのみなさんだけではない。スタッフもみんないつも私を叱っている。言霊を司るものとして、くどいが繰り返す。決して「励まして」くれてなどいない「叱っている」のである(笑)。いかにいい加減な奴を担いでしまったのかと、みんな呆然としているのであろう。叱らないのはヨロン参謀長くらいであって、この人は元々「あ〜」「う〜」「そうだねえ」で生きているので。これも大切。

姫路を中心に回った。次に小野市。告示前のツアーも、そのあとの選挙戦も私は感動ばかりだ。ある街である。いつものようにイオンのモールの前で演説をする。人がここにしかいないので、必須なのだ。私はそのあと、必ず古い商店街を歩く。ここでずっと残酷なことを書いてきた。「イオンを認めたのは地域の人たちであって、そのあと商店街がシャッター通りになることは予想出来たでしょう」と。

これは事実なのだ。そのことを認めてから、これからもっと「歩く人々」のために商店街などを復活させていかなくてはいけないと、私は考えている。私が歩いてきた多くの国では大型ショッピングモールと、バザールは共存しているのだ。なぜ日本だけが、こんなに極端なことになっているのか。かかる検証は行われていない。あまたの現場を知る私だから出来ることが、ここにある。

昨日もシャッターが閉まった商店街を歩いた。ほぼすべてがそうなので「これは大変だなあ」と言っていると地元の人に「今日は休みの日なのよ」と言われて不明を恥じた。それでも。ここからが物語だ。

わがスタッフが地声で私が来ています、と叫んでいるのだ。その時である。休みのはずの商店の扉が次々と開いた。私よりはかなり年上の人々が出てきて、私と握手してくれるのである。ちょっと横道にそれたところの2階から、わざわざベランダに出て手を振ってくれるのである。

静まり返った商店街の扉が次々と、通りすぎる前に開いて、杖をついた老店主が出てきて私の手を握ってくれるこの光景は、私の原点となるだろう。責任を持つ立場になるかも知れないので、いい加減なことは言わない。このような場所がもう一度賑わいを取り戻すかどうかは、ケースによる。だが私は真剣にそのことをそれぞれの場所で懸命に考えていきたい。その真剣さが、今まで県としてはちょっと欠けていたのかな。

2017年6月21日

尼崎市の自宅。

告示前も含めて、活動を始めてから珍しい雨。それも大雨である。新聞を買いにコンビニまで行く間でも、傘をさしていてもいささか濡れた。

ずっと回っていて二つの「知らない」に出合い続けている。選挙というものの非現代性への驚きを書いてきたが、これもそうだ。選挙カーから手を振っている。大学生と目が合うと反応してくれるが時に「だってボクら、選挙権ないんや」と言う。

あるんですよ。大学生なら確実に、高校生にもほぼ3年生には。選挙権が18歳に下げられたことが周知徹底されていないのだ。

私の集会に若い人たちが異様に欠落していることはかつて指摘した。集会の告知は新聞の折り込み広告を中心にしているので、彼ら彼女らがそもそも新聞を読まないことが原因であると、ややたって私はようやく悟った。投票が18歳から出来るという報道も、新聞やテレビだ。ウェブだけを見ている子どもたちに果たして伝わっていたのか。徹底的に彼らが触れているメディアに出すべきではなかったか。兵庫県ではそうしようと、もう私は考えている。

学校や、会社で先生や上司が「投票に行ったか？」と聞いて欲しい。もう期日前投票も始まっている。あなたや、あなたの周りに、投票権を持っている子どもたちがいれば、ぜひ呼びかけて欲しい。「選挙権、あるんやで」というと「マジい？」「ほな行くわ」と答えてくれる。そりゃもちろん当選したいが、私が言う8割は「投票に行ってください」である。全国的に恥をさらす投票率が続いているのは、現職が圧倒的な組織力で出馬し続けてきたからだった。私のようなキ印が出なかったからだった。

だから投票率を上げて全国に誇りたい。そのためには、若い人たちに投票に行って欲しい。これは兵庫県の誇りをかけた闘いでもあるのだ。おっと、高層マンションが揺れるような風が吹いていている。外は雨でまったく視界がなくなった。ゴウゴウという音がこの中まで聞こえてくるぞ。はたして今日、選挙活動など出来るのか。まあ、やったろうじゃん。「風雨に強いカツヤでございます」とでも言って。でも、ただちに災害への防御で臨戦態勢に入るべきであろう。もう知事の感覚。やめなさいってば。あとで嘲ってもらうネタをまいている。

もう一つの「知らない」はなんと「え？　知事選あんの？」だ。もう、当たり前にある。握手していても、何のために私がそれをやっているのか呆然とする方が多い。テレビでも見なくなった私がとうとう売れなくなって、演歌歌手のようにキャンペーンに出たのかと顔に描いてある。極端になると「知事？　知事って選挙するん？」だ。その派生バリエーションとして「今の知事、誰やったっけ？」が実に多い。16年もやっておられるのに。

これが東国原英夫さんや、橋下徹さん、石原慎太郎さん、田中康夫さんなどだったら「ああ、うちの知事や」とみんなパッと輝くのだ。知事の仕事のもっとも大きいのは発信力、つまりは広告塔である。「あっ、テレビの人、テレビの人」が、もっとも多い反応だ。「たかじん、たかじん」もある。天国のたかじんさんにはどんなに感謝してもしたりない。

以前の私はこれが大嫌いだった。腐ってもモノ書きであるつもりだったので、極端な時には「そんなこともありますけれども、嫌いです」とまで言っていた。今は両手で握手して「はい、カツヤマサヒコＳＨＯＷも見てくれていましたか？」という。するとおじいちゃんが「そっちは酒呑んどるけど、こっちはもうあの時刻やったら呑んどったら途中で寝てしもうてのお」などと嬉しそうだ。

川西市を中心に回った。こここそ、私が一番言いたかったことで、川西市は大阪府であると思っている県民が多い。兵庫県の全体像をきちんとたとえば子どもたちに教えていないからだ。川西市、立派な兵庫県の一つのまちです。

「川西市など知らないでしょう」と地元で握手した方は言う。「多田源氏の故郷でしょう。銀山もありますよね」と言うと仰天した顔をなさる。源満仲を産んだ地である。中心にはもちろん多田神社。その前を通ったときに、スタッフに蘊蓄を語ると「候補はなぜこんな選挙にかかわりのない無駄な知識を持っているのだろう」と顔に書いてある。だがそのあと、恥ずかしいフレーズ「教養と経験に富んだ…」がいささかマイクから多く流れた気も。

テーマソング

2017年6月22日

しばらく神戸のホテルに泊まることにした。尼崎市からの時間が惜しいからだし、誰も掃除をしてくれない自宅が危うい状況になってきたからだ。掃除をお願いしているのは亡父のもとで働いてくれていた元看護婦（当時は看護師などという呼称はなかった）であって、まことに行き届いているのだが、私の滞在日数に合わせて月に1回なのである。今のようになると追いつかない。

ホテルは事務所からもほど近いところにあって、遠方から来る、あるいは徹夜するスタッフが見つけた。なかなかいい。部屋も快適だが、夜明け前、コンビニから帰ってきた私がフロントに「おはよう」と挨拶をすると「投票、行きますから」と初老のホテルマンがにっこりと笑った。これだけで、元気の出る一日の始まりとなる。今日は明石市を回る。

雨であった。そのことは覚悟していたが、昼ごろから篠突《しのつ》くそれとなった。選挙カーに乗っている私は助手席に座って左側の窓を開けて人々と目を合わせるようにしている。手も振るが、それは副次的なことである。目が合う。にこりとしてもらう。私でもいいの、と心から語りかける。ふたたびの笑顔は私はもう見られないのだが、後に乗っているウグイスさんたちが「素敵でした」とあとから言ってくれる。であれば、いい。何ごとかの救済を私は行っているのだろう。

「選挙カーだけで回りますから」とスタッフは言ってくれる。ヨボヨボながら私は助手席に乗り込む。みんなが求めているのは「今、ここにいるカツヤ」だからだ。県の北をもう一つの車が回っている。私の分身のマネージャーのT－1君がやってくれているが「本人はおれへんの」と言われるのが本当に辛い。T－1君はそれに対して鮮やかな対応をしてくれている。

焦げすぎた食パンの色になっている私の左手はまもなく雨滴を受け始めた。だんだんと激しくなって来る。けれども私はこの窓を開けての挨拶をやめたくない。先日まで焼け焦げていた手は冷たくて、しびれている。手が受けた水滴が流れ込んできて車のドアのポケットが満水になる。そこまではやった。けれどもそのあと少し窓を閉めて、なのに私の看板だけ見て手を振ってくれるみなさんに振り返せないのが、辛かった。

11時に西宮市役所前で演説をしたところが一番雨が激しかったのではなかったか。こういうこともあろうかと、私は東京の事務所から雨カッパを取り寄せていたのである。選挙運動というよりも、ただの自己満足であると笑っていただきたい。「雨、大変ですね」とずっとスタッフから言われていたが、実は「この出番があったか」とほくそ笑んでいたと、今だから言う。これを着たかった。

わが愛してやまない桑田佳祐さんのカッパである。私の人生の先を走っている桑田さんは、いつもどんな時でも勝負をしてきた。私もやりますよ。運動の車の中では、いつもあなたの曲が流れている。桑田さんのコピーバンド、井手隊長が作ってくれた曲「ああ兵庫県」。これ、事務所の前でずっと流れている。私はいかがなものかと言ったがスタッフが「いつのまにか、歌いながら通勤する方も増えて」と。どうなのかなあ。

雨が降ると、人々と目を合わせるのが難しい。傘が顔を隠すからだ。それでも、傘を外して応援してくれる方たちがいる。左の窓から腕を出し続けていると水滴が滴ってドアのモノ入れが満水になった。私はやり続ける。だが車内のあちこちに水が溜まってきて、断念する。残念だ。閉めた窓の向こうでは、たくさんの人々が手を振ってくれているのである。窓を開けるが追いつかない。

昼過ぎに雨はやんで、嘘のような晴天となった。クルーはみんな元気になって、声をはりあげて回る。スポットで話をする。甲子園球場の前ではヘタながら六甲おろしのサビだけマイクで歌った。どんな候補や。感動二つ。通りすがりであったがずいぶんお歳の女性が拝んでくださった。「頼みます」と。ここで泣いてはいけない。

ある場所で掲示板から私だけポスターがなかった。すぐに事務所のヨロンさんに電話してフォローを頼んだ。数分後、たまたま回る加減で同じ場所を通ると、もう貼り直されていた。「ありがとう対応早いね」とヨロンさんに電話をすると「何のこと?」参謀長は偉いのでいちいちの対応はこんなもの。つまりは誰かが、おそらくは午前中の風雨でそのあたりに落ちていた私のポスターを貼り直してくれたのだ。泣かすなよ。

2017年6月23日

選挙戦の初期のころ、私たちの車は尾行されていた。私たちが停まった時に近くにやはり停めた車に、ご挨拶に行った。候補本人が突然、フロントガラスからのぞきこんで「こんにちわ。ご苦労さんです」と言うと、直後に車は消えた。あと、私が手を振ると一人がいなくなったり、頑張ってね。陣営の車内では、私がすべてを解説して爆笑している。途中からいなくなったのは空気を読んだのか。そういうものだ。

ところが昨日、面白いことがあった。18時から明石駅のロータリーに街頭宣伝車を停めて演説をしたのである。ありがたいことに、また大勢の方が集まってくれた。その演説の最中に男が聴衆との間に走り込んできて「ここ、停めたらあかんで。今から警察に言ってくるわ。県警に言うわ」と叫ぶのだ。下にいるスタッフが対応するが、そうわめくだけ。

私は、マイクを握ったまま「県警でもどこでも行ってください。選挙の自由はもっとも優先されていることです。オラ、警察連れて来い」というようなことを言った。「おとなしいフリを装っていましたが、久しぶりにテレビでのようなことを言わせてもらいました」というと聴衆は大受け。

ちょうど予定していた時刻になったのだが、どうせ去るならと「おまわりさんが来るといかんので、逃げます。さようなら」と最後にカマして、笑いのうちに出発した。ただし、私は残った。走った。さきほどの男は自分が所属するという企業名を言っていた。であれば、そのどのセクションのどの責任者なのか確認するべきだと。ところが、男は杳《よう》として消えていて、スタッフと探したが見当たらない。

まあ、そういうことなのである。妨害工作なのかもしれないが、とにかくショボい。戦場にいると最下層の情報員と付き合うことがある。実人生でも底をはっていて、たまたま声をかけられていろいろとやるのだ。時に私は仲良くなってしまったりする。だからその事情を知る。昨日の男性とも話をしてみたかった。別に「誰に頼まれたの」ではないのだ。「そんなに困っているの？　なぜ？」が、これからの私のためには必要だ。

2017年6月24日

私が小学生だったころだ。「山、海に行く」というキャッチフレーズがあって、神戸市そして兵庫県は六甲山の裏側をさんざんに切り崩して、ベルトコンベアーで海を埋め立てた。たいしたプロジェクトだったとは思う。

面白いのは神戸にとっての観光資源たる六甲山の目に見えるところには手をつけなかったことだ。このあたりのセンスを私も生かしていきたいと思っている。ただ、裏側をさんざん削った。ちょうど同じころ、私は灘校地学部地質班に人生を賭けていた。化石と鉱物をとにかく取るのである。あの学校は素敵な場所で、どんなバカでもクビにはしなかった。だから私は100点満点の6点とかをとっても、なんとか生徒でいた。

学校に行かずに私は「北」に通っていたのである。六甲山の裏を崩して神戸市やその周辺はニュータウンを作っていた。同じ家、同じマンションが並んでいる。そこでの風土や文化は独特で、これは決して揶揄するのではないがあの、少年を少年が殺した酒鬼薔薇聖斗事件もここでおきた。まだ未熟な書き手であった私はそれについて、自分の風土感をつかってコメントしたものだ。

ここに通っていたころは、まだ家々はなかった。それを建てるために崩された露頭から私たちは植物化石をたくさん採取した。石屋のために重機を使って露頭を作ってくれているのかと感謝したものだ。そんなこと、今住んでおられる方々はわからないだろうなあ。街頭演説で、気持ちは少しあったが、話すことはやめた。

神戸市の北を中心に回って、20時ごろ、事務所に帰ってきた。私ごときの思いつきのためにたくさんの人がいるのが申し訳なくて。ボランティアも世界中から続々と来てくれている。お願いするのがハガキの宛て名書きなのだが、黙々とやってくださる。

2017年6月25日

夏至を過ぎたばかり。夜明け、外に出ると柔らかな群青色の手前の空が優しい。まだ始発がないのでどうしようかという、酔客たちがざわめいている。三宮の素敵な朝である。こんな時刻を持てただけでも、今やっていることは愉しいと思える。

兵庫県知事選挙に出たのは、ただそろそろ生まれ故郷に何か恩返し出来ないかと考えたからだ。わざわざ言うほどのことではないが、この地で育てていただいて、東京で商売はしたものの、やはりここに帰ってきた。愛しくて愛しくてたまらない。こんなに故郷を愛しているのかと、自分で発見出来ただけでもいい。意外と、純粋なそんな気持ちだけなのだ。

次のビジョンについて手を抜いているわけではない。何しろ私には最高の顧問団がついている。まずは読者諸兄諸姉。「集合知」としては世界でも屈指のものではないか。バーチャルの世界で出会った私たちだが、実際にリアルな場所をより良くしようと出来る機会が来たのだから。それぞれのみなさんが住んでおられるところで出来れば最高なのだが、まずは兵庫県である。やってみようじゃん。

選挙は「選挙戦」というように戦争である。その自覚はあったが、実際の戦場を知っているだけに、おだやかに紳士的にやろうとしてきた。いろいろと助言もいただいている。実際はそんなものではないと。でも、堂々とやるしかないと考えていた。何しろ、相手は現職の知事閣下なのである。しょうもないことをすればお勝ちになっても負債になるでしょう。

投票日前に一つだけ集会を、生まれ育った尼崎でやる。

勝谷まさひこ大集会。

地元である。尼崎市の前の市長は、ご存じの通り、その聡明さと美貌で全国の話題を席捲した白井文さんだ。文ちゃんはね、本当の小学校の同級生なのだ。おわかりだと思うが、この時代の同級生というのは、もう男も女もなくて「そやな」の世界である。もちろん、明日のアルカイックホールでの集会には馳せ参じてくれる。何をおいても来てくれる。しかしその彼女から、私が知る限り泣き言などいわずに、こんなアホにずっと付き合ってくれていた文ちゃんから言葉がきたのだ。「あちらからの恫喝がすごい」と。

選挙に通るかどうかはわからない。しかし、私はこのささやかな文章と発信力だけで勝負している。選挙はそれは、時の運もあるが、ずっと私は私だ。私の愛する人たちに対する、恫喝、脅迫その他は、許さない。地獄まで私がついていくと考えていて欲しい。こんなこと書くとマイナスなのだろうなあ。でも、こんな私のために戦っていてくれる人々のためにかく書き置くのである。

いつものようにこつこつと神戸市内を中心に回った。センター街も歩いた。自分がこんなことが出来るとは考えてみたこともなかった。笑顔を作れるのである。これ、心からなのだよ。一つ人間として脱皮したのかなと。だったらこれはこれで良かったのではないかとも考える。

読者の方々が現場に駆けつけてくれている。義勇兵が来るのである。「中告」をすると受ける側もヴェテランなので、一瞬でわが陣営の力となる。ある人が言っていた。「事務所に来る人はいちおう身体検査せんとあかんのですが、今回は読者だというだけで、そのまま入って来られるのが凄い」と。そんなこと、あまり考えていないのだが。

いくつかの場所を回るというのは、なかなか勇気がいることである。告示前はもちろん人は来ない。でも予習をさせてもらった。だいたい、共産党の関係者と出会う。候補が演説をしている。以前に書いたが、ご挨拶に行く。私は共産党の人たちが大好きだ。「論」はいくつもあって「論」で「世論」となる。別の考え方がなくては民主主義は進まない。共産党には、とても大切なことをやってもらっている。

マイクを持って語りかけるとみんながドッとわいてくれる。これは過去の「革命」が起きたところでずっと体験してきたことだ。その「空気」が理解出来るのは、日本国に何人もいない。それを言いたいのだが、声高は嫌いだ。

とんでもなく馬鹿なことをやっているのか。選挙車の中で、ふと考えることがある。

これは何なのか。

事務所に戻ると、日々増える人々が、何かのために働いているのである。「候補は邪魔だから、おとなしく座っていてください」と言われる。何か私はもう一つの「現象」となっていて、周りがすべてを規定しているのだ。

根本的な疑問を持った。人はなぜ政治家を目指すのだろう。何を言っているんだって？　私の場合は、民間でさんざん金をもらって地域の振興をやってきたので、故郷でなんとかならんかと、素朴に考えただけだ。今のやり方がおかしいのではないかと専門家として指摘したいわけであって、そうか、そんなら知事になるのが一番早いなあと。

だから私は政治家も行政官も何もなりたくないのだ。出来れば固辞したい。でもよくわからないが、なんとなくそういう立場になるのかなあ。地域興しのプロとしていろいろと手がけるなどと、考えていなかった。本を出すうちにそうなった。その目で見ると、兵庫県はもったいないなあと考える。だったら私にカネを払ってコンサルをやらせればいいのに、やらなかったので、こうやって厚かましく出てきているのである。兵庫、あちこちで一発で「針」を打てばいいポイントがある。惜しい。だから、やってみたい。

2017年6月26日

3時起床。神戸市のホテル。

おおっ！　ついに新聞の1面の見出しに名前が踊ったかと、コンビニでつい嬉しくなる（笑）。どんな大事件や海外でのスクープを重ねても、自分の名前が朝日に出たことはなかったぞ。大好きな朝日新聞だからこそ（ホント）嬉しい。

（朝日新聞　6月26日記事より）

井戸氏やや先行／勝谷氏激しく追う／兵庫県知事選情勢調査

投票態度を明らかにした人でみると、自民、民進、公明、社民の県組織から推薦された井戸氏は自民支持層の7割、公明支持層の大半、無党派の6割に浸透している。年代別では中高年層の支持が厚い。

政党の支援を受けていない勝谷氏は自民支持層の一部を取り込み、民進支持層や日本維新の会支持層からも一定の支持がある。ただ、無党派層の支持は3割にとどまっている。

どういう分析なのか。演説でも言っていることだが「自民、民進、公明、社民の県組織から推薦された」というのが、そもそもおかしい（笑）。何のために国会ではバトルをやっているのか。地方であれば県民を舐めているのか。だから公開討論を求めたのだが、とうとう表に出てこなかった。各党の兵庫県での代表が出てくればよろしい。みんなで一緒に座って、国政の場と県政での態度の使い分けについてとことん論じようではないか。

私の陣営でも独自の調査を行っている。これ、とんでもなくカネがかかるのだ。だから新聞社がやってくれるというのはまことにありがたくて。自分のサイフから出ていくものだから、これまではわりといい加減に見ていたこういう調査の方法などにも目が行くようになった。今回、朝日がやってくれたのはこうだと。

（朝日新聞　6月26日記事より）

調査方法／24、25の両日、コンピューターで無作為に作成した固定電話に調査員が電話をかけるＳＤＤ方式で、兵庫県内の有権者を対象に調査した。有権者がいる世帯と判明した番号は２０３３件、有効回答は１１８６人。回答率は58％。

携帯電話というかスマホがメインになっているこの時代、固定電話での調査にはかなりバイアスがかかっている。保守的な層なので、現職が強いのは間違いない。その中ではまあまあかなあ。調査というものについて興味があったので紹介したまでで、私は結果そのものにはまったく興味がない。これは候補者の醍醐味で「直接知っている」からである。結果がどうであれ、今後の長からぬ人生で、私は何度も夢を見ることだろう。窓を開けて私に手を振る人々の夢を。

今回、何も出来ない私をメインで支えてくれているのが樫野孝人県会議員だ。私の今回の試みのもっとも幸せなことは、樫野さんという応援団を得たことであろう。何十人もの県議の中で、ただ一人私を支援してくれているのだ。

とはいえ、私は県議のみなさんと対立しようとはまったく思っていない。もうすでにいろいろと相談を受けている。みんなでやっていこうよ、ということだ。言論としての対立は、そのための議会なのだから、大いにやるべし。感情としての対立はやめるべし。多くの現場で、これがごっちゃになっていることが、日本国の民主主義を妨げている。兵庫県に対して私に何が出来るのかは、これはフタを開けてみないとわからない部分はある。すべてを統括している方が相手候補なのだから、仕方がない。情報を手にしたあとで、県議のみなさん、いろいろと教えてください。私は虚心に聞く。それが基本だ。勉強させていただくというほかはない。

2017年6月27日

まず断言しておくが、尼崎に家を借りて住民票までここに移した時に、まさか知事選挙に出るなどとはまったく考えていなかった。カケラもなかった。それまでは長野県軽井沢町の住人であって、歩道橋一つ作れるくらいの税金は納めたぞ（笑）。いろいろと提言もしたかったのだが、あそこの行政はいっさい無関心だった。終の住処にするつもりだったのだが、なんだか裏切られた気がして、家は建ててしまったので仕方がないが、拠点を尼崎に移すことにした。

知事選挙というのは呪いのように私にまとわりついていて、軽井沢に本気で住んだのも田中康夫さんが長野県知事に出馬したからだ。県民でなければ応援をしてもいろいろと言われる。だから軽井沢に根をはるつもりになったのだが。今回も結果としてはここに長く住んでいることがプラスとなっている。「東京の人」ではないと。わが親衛隊たる尼崎の人々には選挙の最後の追い込みで、ふたたび訴える。頼むぜ。

私が訴えている相手は「良民常民」だ。この人々がどれだけ投票に行ってくれるかがポイントになる。みんな不思議がるが、私は「自分に入れてください」とは言わない。「投票に行ってください」と訴えている。全国でも最下位レベルの投票率は、つまりは新しいものを選ぼうという構造が出来なかったからであって、それをとにもかくにも私はなんとか作ろうとしているのだ。

馬鹿みたいでしょう。日本国のために私は兵庫県の投票率を上げたい。利権談合共産主義で16年の間もがんじがらめになってきた、人々の投票行動を自由にしたい。それには受け皿が必要であって、だからこんなことをしている。

ずっと一貫はしているでしょう？「歩いてきた世界で見てきた、フツーの民主主義」をやりたいだけなのだ。日本国はその部分ではむしろ後進国であるとすら私は思う。「国政で」と言ってくれる人は多いが、何度も言っているように私にはその力も地位もない。

「独立王国」としてまず兵庫県でやってみようではないか。石原慎太郎さん、橋下徹さん、東国原英夫さん、とそれぞれスポットを浴びた。政策的にもなかなかなことをされている。それでも「イロモノ」で上書きをされてしまうんだよなあ。そうならないためにはどうすればいいのかと、今考えている。

三田で選挙カーが巡ったのは、かつてニュータウンと言われた住宅街である。それはそれは驚くほどの広がりであって、いくら走っても終わらない。何時間もそうした住宅の間を走り続けるのである。ここで私の声を聞いてくださっているのはどういう人々であろうかと考える。夫を送り出して子どもも送り出して家の中にいる女性たちなのだろうか。

そんなことをこれまで考えたことはない。だが現場で、私は立ち向かわなくてはいけない。何か言わなくてはいけない。

これまで歩いてきた戦場よりも実は私は打ちのめされていた。私は知らなかった。こうした家々を建てるために額に汗をして働いている方々を、その働く現場では見知りして、わかったつもりでいた。帰って来るその大切な巣をなぜ、見ざりしや。

すべて「山、海へ行く」と語られたころのものである。六甲山の裏側を削りに削って、ポートアイランド、六甲アイランドを造ったのだ。私が地学部地質班として歩いた山々はほとんどなくなってしまったが、副産物の石から白川層群の植物化石をずいぶんといただいた。いま家々が立ち並ぶその場所を造成していた時に、私は歩いていた。

今やっていることでもっとも学んだのはこれかも知れないと感じていた。ずっと住宅街を選挙カーは走っていく。もう私の名前の連呼など恥ずかしいだけなのだが、ベストを尽くすほかはない。私の目は家々に向かっている。時に、その上の窓から手を振ってくれるのである。あるいは扉を開けて、出てきてくれるのである。それぞれの方々の人生の物語を私はすぐに考える。だから作家が選挙など出なければいいのだが。


行けども行けども、であった。私は呆然とした。知らなかった世界を知った。日本国の高度成長期を支えた「あの世代」の夢は、一戸建てを建てることである。住宅会社にしてみれば、入れ食い状態だ。その結果の住宅地が無限に広がっていて、私はその中を走っているのである。住宅の窓から、あるいはドアを開けてみなさんが出てきてくれる。私よりも年上である。

これかあ、と思ったのは嫌らしい集票の部分と、自分がやらなくてはいけないことの二つに分けて考えて欲しい。前者はまあいいや、あまりよくないけど。後者は、これは知事ならばかなり優先的に真剣に考えなくてはいけないなと。大きなビジョンである。彼ら彼女らは「人生のすべて」を「家を建てる」ことに賭けてしまっている。資産的に言うとそれは今や無価値に近い。厳しいことを言うが、ここから考えなくてはいけない。

どうする。県職員諸君、もう今から考えて欲しい。兵庫県はニュータウンの県でもある。「空き家問題」などの前に、もう切羽詰まったことが起きつつある。でもそれを突破するのが兵庫県だ。あらゆる点で「兵庫県モデル」が出来るようにしたい。最先端を走るのである。

おっと、なんだかアジ演説のようになってきたぞ。まあ今から頭を切り替えてまた今日もそれをやらなくてはいけないのだから。

今は日々が愉しい。いや泥酔しているようである。脳のホルモン的にはきっとそうなのであろう。いろいろな人を巻き込んできているのも申し訳ない。篠山の会場にはいきなりキャバクラ社長、もといフェリー岩男さんが来ていて驚いた。南西諸島に自衛隊をいつも運んでくださっている国志、フェリー会社のオーナーだ「一隻、

100人くらいの薩摩隼人を乗せて来ようと思ったんですが、T−1君に迷惑だから、と言われてね」と豪快に笑う。本宮ひろしさんの世界だ。こういうキ…もとい豪傑がどんどん集結していてまことに愉しい。

演説場所に来てくださっている読者がいて嬉しい。北海道から九州までおられる。沖縄はいつも私の頭の中にいるが、まだおられない。来てねというのではないよ。忘れていないよということだ。みんな一般の聴衆の中にまぎれていて、私はあとで握手をするようにしているのだがその時に、小さな声で「読者です」と言われる。涙をこらえるのに苦労するじゃないか。

さあ、今日も愉しいツアーに出撃しよう。路傍から手を振ってくれる。全国からやって来てくれる。こんな素敵な人生はないじゃないか。「ただ生きるな、善く生きよ」。少しはやっているのかも。

2017年6月28日

2時起床。尼崎市の自宅。

購入出来ない海外や地方を除くと、朝日新聞をまず読まない日はないのだが、今朝は本拠地にいながらさぼってしまった。一度はコンビニに向かったのだが、まだ来ていない。そのあとキーを打っていると、ふらふらしてきて。雨のせいだと自分をごまかしつつ、ウェブでのチェックである。あと４日。疲労がピークに来ているらしい。もっとも、その自覚はまったくない。

スタッフも支援者も「一日休んだ方がいいんじゃないですか」「候補、ここは休み時間にしましょう」と言ってくれる。だがこれまで私は「それはもったいない。そこも回るよ」とすべてお願いしてきた。気づかってくださるのはありがたいが、なぜ候補者がそんなに疲労していると思うのかがわからない。途中で水分や栄養剤の供給も言われるが、私はいつものように、ほぼ何も食べないでいる。さすがに少し体重は落ちたかな。いいことである。選挙ダイエットだ。

「選挙は戦争ですから」とあちこちで言われる。ああ、なるほど平和な日本国ではこれが擬似戦争なんだと、ちょっとおかしくなる。弾が飛んでこない。砲弾も落ちない。それなりの時刻にはどこなりともファミレスに入って飯も食える。あの道を行けば死ぬかな、次に口に何か入れられるのはいつかな、とずっと遊んできた私にとっては、極楽のような毎日だ。むしろそれでゆるまないようにと気をつけている。

今日は西宮を回ります。私が最初に学んだ学校教育は西宮市立上甲子園小学校である。小南先生という新卒の、今なら私の息子だろうという年の方が担任だった。ある日、雪が降った。すると先生は「今日は、授業は休みだ！」と叫んで校庭へと1年坊主たちを追い出した。先生も一緒になって雪合戦をして、雪だるまを作った。6歳のことである。そのあとの世界中の出来ごと、あらゆるおね〜ちゃんとのさまざまなことは茫々《ぼうぼう》と言えばいいが、要するに脳が劣化して忘れているのに、この時の光景は鮮烈に覚えている。

教育とは、畢竟、こういうことかと考えるのだ。上甲子園小学校で教えてくれた小南先生は、ひょっとすると西宮市が属する兵庫県の知事を産んで、その哲学に大きな影響を与えたのかもしれない。私がもっとも訴えているのは「教育」だ。教育こそ兵庫県を世界に押し出す基本だからである。もちろん、学校での授業も大切だが、子どもたちが学ぶ「環境」も考えたい。学校に行っていたころ、実は光が当たっていないところが気になって仕方がなかったことはなかっただろうか。

こんな拙劣なことが行われていることには驚愕した。

兵庫県教育委員会が発表した２０１７年度当初予算案に、県立学校のトイレ洋式化を12校で進める方針が盛り込まれた。その上で、２０２６年度末までに全県立校の９割のトイレを洋式にするというものだ。トイレの洋式化が完成するころには、今の高校生はもう結婚して子どもがおりまっせ？　子どもたちに「わあい」と思わせるには「明日から洋式化」ではないのか。10年後云々で、どれほどの業者が入札して役人と握っているのかと思うと、腹がたって仕方がない。子どもたちの気持ちをまったく考えていない。

一事が万事、こうであることが、全県を回っていてだんだんとわかってきた。もちろん市町の首長や職員のみなさんも、県の職員の方々もきちんとやるべきことをやっていることは間違いない。だが「哲学」が16年の間に失われていないのか。私が驚愕しているのは16年もの間にやってこれられた方が「これだけのことをしました」とこちらが「なるほど」と思う形で示されないことだ。私もやがては引くわけだがその時には「至りませんでした」とお詫びをしたい。それが人間としての美学でしょう。

「生きていてすみません」が私の基本なのだが、どっこい生きているという嫌らしさも基本である。そうでないとこういう危うい人生はやっていけない。でも「生きていてすみません」は底にあるのであって、そんな自分でも何が出来るかだ。今考えているのは、私を育ててくれた兵庫県に対して、これまで蓄えたもので、どういう恩返しが出来るのかな、である。何をすればいいのかわからなかったが、県知事選挙という場を得て、まことに幸せというほかはない。

義

2017年6月29日

2時起床。尼崎市の自宅。

「義」の文字が背中と胸に踊る、陣営の蒼いTシャツが、県内ですっかり有名になっている。スタッフが群れているだけで、通りかかる車からクラクションのコールがかかる。前にも書いたが、書いてくれたのは日本を代表する書家の一人、水島二圭先生だ。私はとんでもない悪筆である。「頭のいい人は手が思考に追いついていかないから、字が汚くなる。これは歴史的な天才の間で証明されている」などとずっと言い訳をしてきたが、もちろん嘘である。ちょっとしたイラストもかけない。つまりは脳が手をコントロール出来ていないのだ。

だから書というものについてはあまり関心を払うことはなかった。両親は好きであって、実家には亡くなられた田中塊堂先生の作品がかなり飾られている。

選挙戦で日が経つにつれて、ボランティアたちの背中の「義」の文字が浮き上がって見えるようになってきた。これ、ホントなのだ。まるで生きて躍動しているように感じられて来る。みんな「義」の横に私のサインを欲しがってくれるのだが、明らかに作品を汚しているようで慙愧《ざんき》に耐えない。

聴衆の視線もそうだ。ある場所で風格のあるお年寄りから「どなたの作品ですか」と聞かれた。水島先生の名を告げると「おおっ」と頷いておられた。このように書を知る人ではなくとも、人々の視線がスタッフの背中に注がれているのがわかる。人生で初めて、書というものの力を知った。パソコンでフォントを打ち出してプリントしたものとはまったく違うのだ。

まことにありがたいことに、先生は元々私のことを認めてくださっていて「何か力になれないか」ということで、厚かましくも高橋「ヨロン」茂参謀長が揮毫《きごう》をお願いした。今朝知ったのだが、ヨロンさんは更に厚かましいことに先生に「次作」をも頼んでいた。7月2日に掲げることが出来るといいな、という文字だ。作品に先生がつけてくださったコメントに打たれた。

「この作品が必ずや日の目を見ることを信じ、『正々堂々と戦い抜いた潔さと充実感』を字形と線質に託して揮毫いたしました」

やりますとも。結果はともあれ、その誇りばかりは陣営の全員の胸にある。書についていて何もわからない私でも、そう言われると深く揺さぶられる。書とは、かくもさまざまなことを包んだ存在なのか。7月2日、水島二圭先生のこの名作をぜひともみなさんに公開出来ることを願って、闘おう。


「候補、伴走車に移ってしばらく休まれてはいかがですか」などと言われると意地になって「いや、助手席にいる」と主張するのだが、寝オチしているところを見られるとかえってマイナスだ（笑）。瞬時に目覚めるのは、ウグイス嬢の声が絶えないからである。声で起きるというよりも、おそるべき気力でまったく切れることなく声を出し続けている彼女たちへの敬意が目覚めさせてくれていると言っていい。

放送の現場などでさまざまな「プロ」を見てきたが、ウグイス嬢のみなさんには脱帽だ。誤解を承知で言うと、たとえ東京キー局であれ、アナウンサーなど「声」

と「状況把握の順応性」についてはなんぼのもんかと。付け加えるならば、東京から来た私を慕ってくれているタレントもプロである。人生初ウグイスの一発勝負で、合格点を大ベテランからもらうのである。書くことについては私はかなり所業として先鋭化しているつもりだが、学ぶことが多い。

「あらゆる分野での職人がもっと尊敬される県でなくてはいけない。地域の力など、県庁から与えるものではないですよ。それぞれの場所で、気合と根性のある若者が『実業』を目指してくれて、それを支援する。結果としてどんどん現場が豊かになる。畢竟、それが地方創生ということではないでしょうか」。参謀たちから叱られるのがこれ。「畢竟」なんて口で言ってもわかりませんよ、と。もっと耳で聞いて理解出来る簡単な言葉を使えと。これが難しいんだなあ。自分がいかに、頭の中に原稿があって、それを読んでいるのかがわかる。

無謀な企てをしてよかったと思うのは、人生であり得ないあまたの人々と直接「フェイス・トゥ・フェイス」で向かい合って語り続けられていることである。こういうことがなければ知り得なかったものも得ることが出来る。驚いたな。

「家族」の存在なのである。兵庫県は人口が５００万人を超える雄県だ。41の市と町を巡った。ところがそのところどころで、ささやかに尼崎市の隅で医院をやり、あとを継げなかった私はふらふらとしている、そんな家族との接点に無数に出会うのである。昨日は西宮市周辺だったので、特に濃かった。一番多いのが「お父様にはお世話になって」だ。半世紀にわたって開業医をまっとうして、先年逝った老父に「３代にわたってお世話になった」などというおばあさんが、私の手をとって頭を幾度も下げてくださる。こちらが下げなくてはいけないのに。

あるマンションの前で信号待ちをしていると、息を切らして私と同年代ほどの女性が降りてきた。「間に合ったわ」。「お父さんにほんまに親がよう診てもらって、最期まで看取ってもろて」。亡父はいつも夜中に、黙って黒いボロボロの往診鞄を持って飛び出して行った。たいがいが在宅での看取りであった。開業医冥利に尽きるというものであろう。大きな病院でのそれは、担当医への感謝はちろんあるだろうが、関係性はそこでかなり切れてしまうのではないか。

地元に根をはったうちの医院ならではは、父の頑張りならではなのだろうが、西宮市は隣町である。あるいは兵庫県の各地でそうやって言葉をいただいた。人々は移動して、私たちは動かない。とはいえこういう記憶があるのだと、いささか感動した。

現役の名誉のために言い添えると（笑）「弟さんにお世話になっています」という方々ももちろんいた。「娘が」「孫が」なのは、多少離れた隣町だからであって、子どもや孫はうちのエリアにいるのだろう。今回、私が提案している政策の中に地域医療と基幹病院との連携があるが、地域医療の「横の連携」も大切なのだろうと気づかされた。すでにそれは出来ているのだろうが、日常的な情報交換などはやはり医師会単位であって、それは仕方がないことなのだが、県として出来ることもいろいろと思い付くのである。

だいたい3台の車でコンボイを組んで回っている。この連携がなかなか大切であって、過去の戦場でも同じだ。悔やんでいるのは、無線を配置しなかったことである。携帯電話があるとして油断したが、戦場においては瞬時の連絡が必要で、それは無線をあけていることなのだ。正確な意思伝達には「フェイス・トゥ・フェイス」が基本なので、信号で止まると安全を確認したあと、私本人が飛び降りる。そして先導車まで駆け寄って次の予定などを決める。さすがにこの獅子奮迅には、誰か褒めて、と言いたくなる（笑）。

なんとかコンボイが分散しないように、時にコンビニやファミレスで集結するのである。買い物や食事の時間でもある。そんななか、スナイパー・サカイが運転する車がやって来ない。マネージャーのT－1君にいつも叱られるのだが、オノレのプランが崩れると私はいつもイラつくらしい。この時もスナイパーに「どないしてん」と言った。すると。

「迷子がおりましてな。それにかまって、警察呼んで、来るまで待っとったら遅れましたわ」。もう一人の運転をしてくれているガニー・イケダと同じく、スナイパー・サカイは、映画にこのまま出したいほど闇社会の顔である。私の車をこの二人が運転しているということで、ある方面では話題になっているらしく、ここでも書いたが、尾行してついてくるのも当然か（笑）。二人とも良民常民を絵に書いたようなな、しかし「大和武士」というほかはない。

だからスナイパーは車を停めざるを得なかったのだ。親から離れた3歳くらいの女の子が一人で呆然としていた。捜索などが必要になった時のために、とスナイパーは瞬時に写真を撮っていた。さすがはわが部隊だ。歩道の上で幼児が立ち尽くしている。それを保護して、警察が駆けつけるまでを見届けて、彼は車を出して、私に遅れるなと叱られた。「ハッ」と頭を下げる。事情を知って私は「わが部隊の誇りである」と謝った。そんな連中が、今日も今から闘いを続ける。

2017年6月30日

1時半起床。姫路市。

まだ新聞も来ていないのだが、とりあえずホテルの隣のコンビニに向かう。天候を見るためだ。衝撃を受ける。雨。それもかなり激しい。部屋の中から気配は感じていたが、これはあまりよろしくない。

今日と明日で「総員突撃」をしなければ、戦は負けるのである。持久戦などやっている場合ではない。相手はマジの戦のように、県民の金で築いた組織票という要塞に立てこもっていて、そのままコトが過ぎれば勝ちでチャンチャンだ。大マスコミは「追い上げている」などと書くが、現状では要塞にむけて吶喊《とっかん》を繰り返していくらかは削れても、占領することは出来ないでいる。

だからなんとか晴れて欲しかった。まだしも救いは投票日には天候が回復しそうなことなのだが、それでは遅い。わが忠勇なる将兵は「義」のためには一死を恐れずだ。玉砕はするなと言っている。玉砕をしてしまっては何も残らない。兵庫県民のみなさんのためには結果がすべてだ。一死を恐れぬのは尊い。しかし石にかじりついてでも、とにかく勝たなくては。期日前投票が前回に比べてずいぶんと多いというのは、若干の救いになる。演説のあと手を握りながら「もう入れてきました」という方が目立った。

ありがたいことである。でもね。昨日の大きな会場での演説のあとも「読者です」と言ってくれる方がいっぱいいる。「ドコドコ県から来ました」は、わざわざ遠いところからまことに感動的なのだが、票にはならない。「兵庫県の知り合いにメールしまくっています」とは言ってくれる。これが私なのかなあ、と。

アルカイックホールでの講演会はまあ4割くらいの入りかな。現場でも話したが「視聴率よりも視聴質」といつも言っている私としては、素晴らしい方々に来ていただいてまことに嬉しかった。メディアも来ているし、こういう時にはドーンと動員をかけて一杯にするのがお決まりの手法だ。でも私にはその方法もわからないしね。やれば出来るのだろうが、それは私の考えている「民主主義」とは違う。

私の前に話をしてくれた、県議の樫野孝人さんが本質的なことを言ってくれた。「いろいろなことを『お任せ』でやる時代は終わったんです」と。ああ、っと膝を打った。私たちが闘った長野県知事選挙で田中康夫さんが言葉にしたのが「お任せ民主主義の終焉」だったのだ。作家のこの言葉は、しかし、やや「預言者故郷にいれられず」であって、県議会からのイジメやそのあとの落選につながったのかも知れない。

では今なら理解されているのかと見渡す時に、そうでもないなと私は苦笑する。兵庫県じゅうを回ってきて、家から飛びだしてきて手を握ってくれる方々を見ていると、ずいぶんと日本国もその地方も変わったものだとは考える。だが冷静に今回の選挙の構造を分析すると、私の造語である「利権談合共産主義」のしぶとさには驚くほかはない。私の世代では変えられないのかなと。この実感を持てたことは、これからモノを書いていく私としては、大きい。

楽屋に入って、私は言葉を失った。その人がいた。その人は私が最後に会った時とはまったく違う風貌で、痩せられて、顔色も白っぽく、しかし眼ばかりは最初にあった時とおなじく鋭い光芒《こうぼう》を放っていた。日垣隆さんであった。

演説前なのだから、泣かすなよ。親友であり盟友であり同志よ。私と年齢があまり変わらなく、田中康夫さんを長野県知事にした人である。その鋭い舌鋒と、作家としての美しい著作群は私の憧れであった。余談ながら。こう書いて来ると、司馬遼太郎的で嫌なのだが、田中さんによる長野革命というのは時間をおいてかなり日本国を動かしている。「安曇野の軍師」、高橋「ヨロン」茂が今回、私の選挙の総指揮を取り、日垣隆さんが駆けつけるのだから。

駆けつける、ことは彼は肉体的に出来ない。脳梗塞を発症されて、私よりもずっと世界を駆けめぐっていた彼が、不自由な身体となったのだ。楽屋の一つに行くと、その日垣さんがソファに埋もれるように座っておられた。だがさきほど触れたように、眼の輝きは昔のままであった。「どうやって帰られます？　うちのスタッフがお世話します」とつまらないことをまず言った。「一人でいい。神戸にホテルをとってある。3日間はいるよ」。私の「最期」を見届けるのだなあと、畏友の前に恐懼した。何にせよ、私の最期はこの男によって記録に残るのだ。こんな贅沢はないではないか。

「さるさる日記からの読者です」と握手をしてくれる人が多い。であれば、日垣隆が私にとってどれほどの人であるかをわかっていることだろう。憧れていた。いつかあのようになりたいと考えていた。「漢」とはこういうことだと、日垣さんは身をもって私の前に示してくれた。だから、そんなに会わなくても、私たちはいつも理解しあっているのだ。日垣さんだけではない。「命がけ」で私の拙い話を聴きに来てくれた人たちとたくさん会っている。「久しぶりの外出です」と街頭で何度聞いたことか。

心打たれたのはある言葉であった。「もっと福祉を充実させて欲しいという、おねだりではないの。あなたと握手したかったの。ずっといろいろテレビで聴いていて、私たちのことがわかっているなと感じたから」。何度も泣くのはいけないが、ああ、電波芸者もしていてよかった。いえいえ、テレビ局の人たちには感謝している。

今回、いろいろやってみて、やはり私は障害を持った人々、あるいは特別な考えをもった人々に対して、バリアーがあったのだと感じる。偏見とかそういうものではなく、何かな、恥ずかしいが「育ち」の中から出てしまっていたのかな。亡き父母には申し訳ないが、やっと払拭出来た。これはやはり、「ノェイス・トゥ・フェイス」でないと出来なかっことだ。

またそれぞれ話をするわけだが、私の演説はただの「講演」らしい。ついてくれている素敵なブレーンや支持者から叱られる。もっとアジテーションをしなくてはいけないと。実は、私はアジるとなかなかなのである。中学生の時にレコードでヒトラーの演説を聴いてずっと勉強していたくらいだ。おっと、こんな時にこんなことを言わない方がいいのかな。それを自分の中で消化して、だからテレビで使われるようになった。アジは技術だ。麻薬である。だから、兵庫県のための選挙戦では、私は封印している。

愚かなことだろうか。現職の方を罵倒させれば、それは私はうまいだろう。ここは葛藤であって、勝たなければ応援してくれるみんなに申し訳ない。作家としての私が、どこかで止めるのだ。ダメ？　中途半端？　情けない。それが私の人生そのものだ。

選挙というのは自分の人生を振り返る旅でもある。どこかで私は言霊を預かっている。預かった以上は、不思議なことに護り人としての妙な責任を感じる。テレビで何を言ってもいいのだ。自分の人生と県民の未来を託されている場所では考える。言葉に関しては、私は剣豪だと考えている（笑）。宮本武蔵が切っていい相手と、剣を抜かない相手を峻別したことが今はわずかに理解出来るのである。私の場合は剣ではなく県だけど。

知事選があることを知らない人がいかに多いかを、私は知った。投票先は誰でもいいんです、って。最近は選挙カーからもそう広報している。「とにかく投票に行ってください」。

兵庫県にご縁のある方にはこれだけはお願いしたい。屈辱と言っていい投票率が続いている。私はどうでもいい。とにかく「投票に行ってね」だ。期日前投票も充実している。免許証などの身分証明証があれば、いつでもどこでも誰でも、投票出来るのだよ。今、これから行こう。

あと一日

2017年7月1日

2時起床。神戸市。

今日は神戸で最終日の演説をする。私の場合は「選挙活動」ではなく、あくまでも「演説」なのだ。言葉の神に少しだけ愛されたこの力を、兵庫県民のみなさんに対して使っていきたい。こんなことをやらかす前と、私の選挙というものに対する認識は劇的に変わってきた。言葉で生きてきた自分は甘いとわかった。そんな奴はしょせん、インディーズなのだ。私は組織を離れてこうした生き方をしてきたが、たまたまさまざまな人々に恵まれてそこで食えてきた。けれども、選挙となるとただの赤ん坊である。これまでやや積み上げてきたことなど、何の役にも立たない。いやあ、参った。そして愉しい。

「組織票」という言葉が大マスコミで出回っているが、私は昨日の演説で「それを無批判に私たちが言っていることそのものがおかしいのではないか」ということを言った。マスコミを批判すると票が減るので、わりと控えているが、ライブでは。真っ当な民主主義国家において「組織票」という言葉が出回るわけがない。自分が手にしている一票は、どんな日本国民であっても最後の武器だ。票に名前は書かない。日々の人生でどういう抑圧を受けていても、そこでは個人の抵抗が出来るというのが、民主主義という、尊敬してやまない故三宅久之翁の「くだらない仕組みだが、これしかないんだ」なのである。その原理原則は守りたい。

三宅さんとやしきたかじんさんが後ろにいるな、と感じることがある。ご存命ならば、きっと駆けつけてくれた二人が突然に亡くなられたことが、逆に私の背中を押した。心に言われてきたことをやらなくてはいけないと。「何しとんねん。テレビでアホみたいに喋っとる場合か。ハシモトみろ、ハシモトを」とたかじんさんは言いそうだ。橋下さんと私とは違うのだが（笑）。

今日から明日、明後日にメディアは「組織票」という言葉をたくさん使うでしょう。昨日、姫路の最初の演説で私は、何かが憑いたようになった。そんなことを言うつもりではなかったのだが、きっと私の中の何かが「自由に演説している時に、一度は言っておきたい」と思ったのだろう。「組織票って何ですか。あなたや、あなたのところに、仕事や給料と引き換えにそうしろと言ってきていますか。では、北朝鮮や中国と同じだ。魂を売り渡しているわけだ」。

布石があって。メールを頂戴した。兵庫県でも中山間地に住んでおられるだろう読者の一人である。職場に行くと上司から「わかっていますよね。もう期日前投票に行ってください。その間、職場を抜けてもいいですから。投票先は、ね、知事さんにね」と言われたのだと。一つだけ典型を引いたが、こういうことは多くの方から、街頭でも言われている。

読者である。私がそばにいたら止めていると思うのだが。こう啖呵を切った。お便りにある通りを引き写す。「あんた、ワシをナメてんのか。ずっと言わんかったけど、おまえ、アホじゃ。上の顔色ばかり見くさって。その一番先にあのおっさんがおるんやろ。もうガマンも限界や。ワシは7月2日に行くわ。それまでずっとように仕事するわ」。いやいや、気持ちは嬉しいが、そうケンカはしないで。

同じようなことは、すべての市町を歩いていてたくさん聞いた。小さな自治体では、どこに人の耳があるのかわからないのですね。東京と兵庫県でも尼崎市という大きな街で生きてきた私は、想像は出来ても実感したのは勉強になった。過去、いくつかの独裁国家で体制をひっくり返す現場にいた。革命家たちと公の場で出会うと「私は死ぬかも知れない。けれども名前を覚えていてくれ」などと言われてまだ若き私は感動したものである。

兵庫県で中山間地はともかく、瀬戸内の人口が高いベルトにあっても、私の手を握ったおじさんが（なぜかおじさんが多い）「応援しとるで。会社には内緒やけれど」と囁く。ここは独裁国家か。それほどのことが16年の間に出来てしまっていて、あと4年、現職はまだやろうとしている。やめられないのである。新しいものが入ると、過去がすべてバレるので。

1時間ほど、インターバルがあった。私の選挙活動には、世界中日本中から「選挙をやったことがある」という義勇兵がかけつけている。まるでフランスの義勇兵たちが行ったスペイン解放の内戦のようだ。そうした経験を持つみんなが言うのが「休んでください。候補に倒れられたら、それでおしまいですから」である。指揮官として、戦場でそれがもっとも危ういことであると知る。

それでもやってしまうのだ。私をどこかで休息させて、その間選挙カーだけを流すというプランを立ててくれているのだが、休む場所などない。魅力的だったのは何かわかりますか。いわゆるラブホテルだ。あそこに入って1時間横になって眠ればどんなに幸せかとよく考えた。今回のことを小説にするならまず大事な場面である。看板をつけた選挙カーがラブホの駐車場に入れようとして、高さが足りずに看板がガツンと落ちて、私が途方にくれるとか。

足もとがふらつく程度ではスタッフはみんな「またか」と思っていたのだが、そろそろ視力が落ちてきた。いつものことであって、私の精神と体力は研ぎ澄まされている。とはいえ。姫路で1時間ほどの「候補離脱」の予定があって私はそういう時も必ず車に乗って、県民の方々の顔を見るのだが、魅力的な誘いに心が揺れた。こういうところが天才なのだがマネージャーのT－1君が言うのである。「マッサージ行きましょ、マッサージ。ここで身体、やっとかなあかんですよ」。そんな便利なことがあるのかと思ったが、たちどころに彼は検索して、駅近くのビルの中で見つけてくれた。

医者の息子なので、マッサージとかには懐疑的なのだが、とにかく横になれるということでお願いした。「あっ、知事」と担当してくれた女性は言ったが違うって。知事候補なんだってば。どえらくヘンな身体になっていたらしい。多くの身体をもんできた彼女の指が入らないと。全身ガチガチ。２週間あまりにわたってずっと座っているか立って話しているか。「左側の身体がおかしいです」。窓から何万回も手を振っていればそうなるだろう。むしろ、面白く聞いた。

素敵でしたよ。いくらか身体が軽くなった気はしたし、何よりも一人の有権者であるそのお嬢さんとの会話が愉しかった。なるほどそう考えているのかなあと。あまりに巨大な兵庫県のすべてを相手にしていると、なかなか見えないものがある。その両方をやらなくてはいけないのが知事だ。

ううっ。あと一日だから頑張るか。義勇兵諸君の献身的な突撃、ガシッと手を握ってくれる方々の情熱。それなのにずっと辛いと思うのは、畢竟、選挙というのは過程であると私が甘えているからだ。選挙こそ実はすべてであって、民主主義はここに根ざしている。多くの方々との握手とその何千倍もの、眼と眼をみかわした車に視線を投げてくれる人々との出会いは、私の人生の中でもっとも愉しいことであった。もう、これでいいや。「負けるようなコメントしないでもらえますか」。マネージャーのT－1君だけでなく私を応援してくれたあらゆるところからの声が聞こえてきたが。

とはいえ、軍事を知る司令官である。今日一日の重さを知っている。敵は物量の米軍だ。ここに無駄死にの吶喊突撃をするのではなく、正面からわが精強無比なる部隊が突っ込む。この日のために弾も残してきたのである。来たれよ、義勇兵。今この時に同じ前線にいないと、勝利の美酒は酌めないぞ。ここにZ旗を掲げる。

「兵庫ニ義ノ旗ヲ立テタルノ興廃ハ、コノ一戦ニアリ。各員一層奮励努力セヨ」

ただ、今のみ。大和武士たるもの、私にあとはない。

いざ、投票日

2017年7月2日

２時起床。神戸市。

日記を配信することで、私は逮捕されるかも知れないが、義の一字の前にもちろんやめるわけがない。灼熱のサマワからも、この17日間のほとんど寝ない寝ていない状況でも送るのが私の義であった。約束したことはやるのである。人間として当たり前のことだろう。ところが選挙というものはそう簡単ではないらしい。わが精強無比なる参謀本部作戦室の高級参謀からのメール。

「公選法の規定により、投票日当日は選挙運動が出来ません。選挙運動とは、特定の選挙において特定の候補者の当選を目的に働きかけることと定義されています。候補者の名前が入った文書等は、それだけで選挙運動とみなされる可能性がありますのでメルマガの配信はグレーゾーンです」

わが陣営は徹底的に遵法を行ってきたことはご存じの通りだ。選挙に実弾が飛び交っていたようなころの時代後れの法律はアホちゃうかとは思っているが、まあ、決まり事は守りましょう、である。高級参謀の提言、さらに続く。

「勝谷さんの場合は、有料メルマガという形態で、かつ継続発行の実績がありますので違反になる可能性は低いと考えますが、念のため県知事選挙については出来るだけ触れないようにする（公選法の規定で書けない、という事実をご説明いただくのはOKです）選挙運動を振り返る内容は控え、投票へ行こう！という呼びかけも選挙運動にみなされるので書かないでください」

というわけで、私はこういうことは今日は一切、書かないのです。すべて理解していますよと、ここでまず暴露しておく。とはいえ、私の価値観に基づいて、いくつかは言っておきたい。

「安曇野の軍師」と私は有料配信メールを創刊した。その時に、すでに見通していた。私の日記は「メルマガ」ではない。「メルマガ」は不特定多数に対して出す可能性があるものであって、雑誌に等しい。だがこのメールは、個人で契約した「私信」

なのである。私信の地位については日本国では基本的な法律で制定している。決してその尊厳は侵されてはならない。こういう日があることを予測していた高橋「ヨロン」茂はさすがは「安曇野の軍師」、天才というほかはない。

だから今朝は「選挙」については触れない。

それにしても。作家の腕を縛るという法律は結局は「今ある既得権を持つものが有利になる」という、この国の利権談合共産主義の典型だ。憲法で保証された表現の自由はどうなっているのかと考えるが、それを主張しているアッチ側の人たちは押し通すだけの力はなく、そのことに助けられている側は「よかったよかった」で。インディーズの私としては面白い立場にいるなあ。

友人たちの話をしよう。決して、兵庫県で何か行われていることとは関係がない(笑)。日垣隆さん。脳梗塞で小さくなった身体を連日、運んでくれている。いろいろと終わったあとに、今回も、大人数での飯はここと決めている「あ食堂」でみんなで遅い夕食を食べた。体育会系なのでもちろん割り勘だ。兵庫県で行われているいろいろなことにこれは若干関連している。遵法者なのでね。

みんなで行くと「お帰りなさい」という感覚だ。奥の座敷は蒼いTシャツを着た連中で埋まることになる。安い。旨い。つきだしがいい店はまず間違いがないのだが、それもさまざまな種類であって、分かれているテーブルにも配慮して出してくれる。いずれもおばんざい的なものだ。ところがそれに合わせる酒は私の眼から見てもまことに趣味がいい。日本酒はもちろんだが、あらゆる酒呑みの気持ちに寄り添っている。

その「あ食堂」に、やや遅れて日垣さんが到着した。私の友人たちのみんなが彼を気づかって手を差し出す。孤高の人である日垣さんを知っている私は、杖をついて決然としている彼に対してむしろためらうのだが、女性陣が次々に助けようとする。いい風景であって、もうここで私は涙腺が緩んだ。奥の席に座っていた人が立ち上がり、一番楽そうなところに案内する。

それでも日垣隆は日垣隆なのである。悠然と当然のようにそこに座り、ビールを口にして、肴をつまむ。途中で「日垣さんです」と紹介すると、憧れで眼がキラキラしていた仲間が一斉に拍手をした。何の拍手なのだろう。万全ではない身体をここまで運んでくれたことに対するそれもあるだろうが、日垣さんという得難い存在そのものに対する敬意が根底にあるのはもちろんだろう。

次も友人の話であって、兵庫県で行われているナニかについてではない（笑）。私の親友が二人、話をしてくれたのである。映画か、と思った。ルックスも演説も、まるでスクリーンの中だ。樫野孝人兵庫県議会議員と、白井文前尼崎市長である。こういう人たちをもっと前面に出さないとダメだなあ。樫野さんは国政どころか、閣僚、いやマンガで描かれる首相像そのものだ（笑）。それでもね、地方議会においては一兵卒からやらなくてはいけないわけであって、だから私は別の道を選んだのである。

文ぽんは、いやはや、ますます美しいなあ。困ったものである。何が困っているのか、この記述そのものが揚げ足をとられそうだが。美しいものは美しいのだから仕方がない。容貌のことだけではないのはおわかりですね。素晴らしい発信力を含めてすべてで、美しい。私たちの世代の華だと感じる。それが「カツヤ君はね」と両手でマイクを持って話してくれるのだ。「みんなが思っているほど、怖い人でもアブない人でもありません」。とほほほほ。

小学校の同級生というのはいいものだ。まさに私がときどきピアノを弾く「ふるさと」の世界で、そこに打算や計算を人々は見ない。この国の人のつながりは、郷土のそのレベルでずっと大きな紐帯を作ってきたような気がする。「同窓会」はかつて、やはり小学校だったのだ。そこから先は、選ばれたものが行くことであって、結びつきの関係性が違っていた。小学校の、しかも同じ学級で、お互いの自宅が100メートルも離れていないところに稀有な女性政治家を得たことも、私の「運」だと感じている。

「まさかなあ」と先日、私は文ぽんに呟いた。「あんたが市長になるとはなあ」と。「その言葉、そのまま返したいところやけど、カツヤ君はなんとなくこういうことをやるんかなと思っとったよ」。そうなのかなあ。故郷というものを、また見直し、見直されるときである。

6時過ぎ。

部屋が急に明るくなった。窓から陽光が入ってきたのである。ああ、今日は晴れだ。こういうことはこの17日間によくあった。雨の予報が、突然に晴れ上がるのである。くどいが、あまりそういうことは書けない。微妙にいろいろと暗喩をしていることの嫌らしさは私の芸というものである。今日は、多くの人が外に出ようと考えるであろう。外に出れば、いろいろなものが変わる機会が増えて来る。人とは、外からの刺激によって考える生き物だ。いや、生き物そのものは外との関係性によって成り立っている。陽光が満ちて、なにもかもが見えるというのは、生き物にとっては生命を謳歌するときだ。

とはいえ。闇が人を賢明にすることもある。北欧の民主主義というものは、私をずいぶんと学ばせてくれた。あちらの小さな街では数人の議員がいるだけだ。議会は夕方から始まる。みんな仕事を持っているからである。議員が職業であって、その収入で食っていて、だから世襲させるという仕組みは恥ずかしいとして、日本国は世界中から嘲されているのをご存じだろうか。

たとえばスウェーデンの北極圏にかかるキルナで私は数日を過ごした。太陽がない。地平線がかすかに赤く染まる時間があるだけだ。ヴァイキングがその光を求めて南へ出かけて行ったことが理解出来た。こういうことこそ、その地を踏んでみなければわからないのである。議員たちに聞いた。「どうせ暗いのだから、夕方からでいいんだよ」というのは、旅人を笑わせるジョークであって、ああそうかと感じたのは「仕事を終えて、一杯やって、頭がゆるくなってから、ホンネをいいあうのさ」ということであった。

酒ということについていろいろと考える。酒が入ったことによって、ややこしくなった途上国は実は多い。逆に、今引いた北欧のように、一つの必需品として存在している場所もある。私はどこに行っても酒を欲するが、そこで学んだことも多い、と強弁しておこう。呑んで終わりではなく、文章とすることで、いささか助かってきたのかも知れないのである。

64万票の思い

2017年7月3日

3時起床。神戸市。
負けた。
ごめん。

メディアの人たちが一緒に追っかけてくれているので、だいたいの空気はわかる。昼頃には負けたかなあ、とわかってきた。それでもなんとか「そんなわけはない」と考えているのがわが陣営である。最高司令官の私はもう悟っているのだが。むしろスナイパー・サカイなどが長いものを取り出して切腹などしないかと気を配っている。これ、冗談ではない。文藝春秋にいたころに、昭和天皇が崩御された時、編集部に出入りしていた愛国の作家が、ロッカーから何やら取り出したのを止めたことがある。

勝負に、善戦も糞もない。負けは負けで、大将のクビを取られたらそれまでである。とはいえ。こういう頭のおかしい人間が、インディーズとしてがっちりやったことは珍しい記録なので、いささか分析しておこうかと考える。

利権談合共産主義という言葉は、私が自分の日記あたりで書き始めた。バーチャルな言語空間であって、たかだか私の脳内で生み出したことだという危機感はどこかにあった。それを今回、実感出来たというのは「仮説」を「実験」で確認出来たようなものであって、まことに嬉しい。ごめんね。多くの志士たちまで巻き込んでしまったあとのことなのだから。だが。明治維新というのは「仮説」を「実践」してしまったあげく、新しい日本国が出来たのだ。私もあと少しだったのかなあ。

まずは数字を見ておこう。

兵庫県知事選

井戸敏三944、544（無・現）

勝谷誠彦６４６、９６７（無・新）
津川知久１４８、９６１（無・新）
中川暢三１０２、９１９（無・新）

実際に闘った人のこういうコメントはなかなかないので、この本を買ってよかったと思うように（笑）。

ああ、正しい数字が出ているなというのが実感である。やや、私が多かったか。それよりも、津川さんと中川さんがよくとっている。これは現職に対する反感なのであって、これが私に来れば、と考えても足しても足りない。現職の「圧勝」だ。つまりは、現状を兵庫県の方々は認めたのだというほかはない。これは認識の違いであって、県民ではあるが突然現れた私のようなものに、64万人が投票してくれたことは奇跡に近い。ありがとうございます。

自分のことで引っ張るのはどうかと思うが、まあめったにないことなので。神戸新聞の分析が面白い。今後のさまざまな地方選挙やメディアと選挙の関係にもかかわってくると思うので、長くなるが引く。

（神戸新聞　7月3日記事より）

兵庫県知事選出口調査分析／4年前との投票先比較

2日に投開票された兵庫県知事選で、神戸新聞社が期日前投票のうちの5日間と投票日に行った出口調査によると、現職の井戸敏三氏が無党派層も含めて幅広い支持を集めた。勝谷誠彦氏は井戸氏の多選を批判したが、兵庫県内全域に支持を広げきれなかった。投票で重視した政策は「社会保障・医療」などが挙がった。

以下の分析は、これからの私の論評にまことに役に立つ。

前回知事選との投票行動を比較すると、4年前に井戸氏に投票した中で、今回も井戸氏に入れたのは62％。一方、井戸氏から勝谷氏に投票先を変えた人も31％に上り、一定の現職離れが垣間見えた。

「組織票」とはそういうことである。

井戸氏から勝谷氏へ変えた人は投票基準に「公約」(26%)や「人柄・印象」(21%)を挙げており、勝谷氏が争点化を目指した「多選への批判」は13%にとどまった。一方で、井戸氏の続投を支持した人は「経験への信頼」(31%)や「経歴」(23%)を挙げ、実績面への評価が高かった。

神戸新聞はとてもまっとうな報道をしてくれていて、ありがとうと言いたいが、これは間違っているぞ。「勝谷氏が争点化を目指した『多選への批判』」は一切ない。わが陣営の内部文書を見せてあげよう。「多選批判はタブー」ときちんと書いているし、私は演説でも「いい方が多選されるのは何もおかしくはない」と言っている。「5期20年は長すぎませんか」と選挙カーでは言っていたが、それはいくつかの指摘するアイテムの一つに過ぎない。

いろいろなことがあった。どこぞの商店街ではケンカを売ってきた人がいた。もちろん手を出せば私の選挙戦は終わる。向こうはそれを狙っているのである。「候補、やめましょう」とスタッフは言う。でも私はこういう場から逃げるのは嫌いだ。

「メンチ切った」は尼崎近辺ではわかるでしょう。おでこがくっつくくらいに顔を近づけて、お互いに眼を見るのである。武闘派のヤンキーだとそこで頭突きをして来るが、やられたらそれでオッケー。メンチ、何度も切りましたで。フッと逸れていくのが、負けた証拠だ。

三宮での最後の演説は圧巻だったと、自分でここに書いておこう。言説を仕事とする人間としては全力を振り絞った。


負けた。

ごめん。

である。

だけど、こんなに多くの人がわざわざ投票所まで行って、私の名前を書いてくれたのはひょっとして、ではなくマジですげえんではないか、と若者言葉になる。すげえ、まじかよ。「投票に行ってください」と私は言い続けた。結果、投票率は40・86%。知事選単独では１９８２年以来、35年ぶりに40%台になった。それでも低い。

勝つつもりでいたのか？　もちろん陣営はみんなそのつもりでいた。その連中が、昨日、一つの店に集った。宴会場がある店だ。人数が入るならこの店だろうと思ったのに、はるかに上回る人々が来てくれた。負けた候補ですぜ。

一つだけ私は言った。「選挙には負けましたが、この人々のつながりは奇跡でした。私は何もしませんが、みなさんのつながりは大切にしてください」。

さまざまな国で、国民が直接にリーダーを選ぶ現場を見てきた。日本国は成熟した議会制民主主義国家なので、そんなことはありえないだろうけれども。今回の、昨日の終電がなくなるまでいた同志たちを見て「なぜ日本国は大統領制ではないのかな」と、やや考えた。私が本当の馬鹿であれば、出たかも知れない。亡母の言葉がやっとわかって来る。「役者と政治家と新興宗教の教祖にはなるなよな。おまえ、それに向いているから」。ごめん。ママ。やらかして、しかも落ちとるんや。うちの家名を汚してしまった。ごめん。

最後に、私に投票してくれた方々に申し上げる。政治的にはどうということはない。ただ。兵庫県の名前を上げることについて、私がいささかでもお手伝いをすることがあればいいなあ、とは考えている。それは知事のお考え次第だろうが、出来れば。

いいもの、おいしいものなどについて、これほど豊かな県はそうはない。選挙では闘ったけれども、県のために何か出来ることがあればやってみたい。言ってみるのは一つの愉しみである。私を圧倒された知事の、ぜひお手伝いをしたい。兵庫県民だけではなく日本国のために。だってみんな、私はそういう人でしょう。

あとがき

私は私小説というものが大嫌いだった。そのくせ結局、自分の人生で私小説をやらかしてしまったのだ。人生と全財産を賭けて、私小説をエンタテイメントにしたと言えるのかも知れない。いえ、勝手に言っているだけだが。

ここに書いていないことはたくさんある。もちろん賢明なる読者諸氏には誠実であろうとしてきたので、事実はすべて叙述してきた。あとは「心の綾」のようなものかなあ。それを公表すべきかどうなのか。……公表するのである。

数百枚に及ぶ本文原稿を前に、あとがきに私は何を書くのか。あまり考えない。詩人として育ってきたので、いつも筆を持つ、今はキーボードだが、その前に立った時に、自然に手が動き始める。

書き上げて、自分でも意外だった。そう来たか。

こんな一文である。

欧米の小説には時々「妖精」が出てくる。英雄譚の中に突然現れて、気がつけば消えているのだ。

作家という因果な商売でなければ、ただのボランティアの出入りで済んでいたのかも知れない。だが、闘いを終えて、呆然としている。あの妖精たちは何だったのだろう。

「コースケ」は選挙カーの中に表れた。何百回とやってきたウグイスのお嬢様たちがあっけにとられるようなプロはだしの口調でマイクを握った。ちなみに、ウグイスに対して男がやるのはカラスという。コースケ・カラスは毎日、ガーガーと鳴いていた。

「みわこ」はね。本名かどうかもわからない。多くの女優やタレントを撮ったりアレンジしたり付き合ったり（ちょっと盛ってみました）してきた私だが、これほど美しい人を見たことがない。六甲道の街頭でみんなでビラ配りをしていた時に、突然、現れたのである。

あとで聞いた。「母がベランダから見ていて、あの人を手伝って来なさいと」。どちらかと言えば母に会い…いえいえ。つまりは娘の歳だ。この人がドサ回りの県内ツアーに、コースケと一緒に付き合ってくれた。そして杳として、消えた。あれはどういう夢だったのだろう。

　ボランティア登録などもあるので、私は総参謀長の高橋ヨロンさんに「連絡先を教えてね」と伝えた。彼はニヤリとして言うのである。「本当は知りたくないんじゃないの、二人とも」。まだ、わかっていない。

　そんなものなのかも知れない。かかる選挙だった。コースケ、みわこ、ありがとうな。一生、忘れないよ。

　なんだか、それに尽きた。私は終わった瞬間に「もうこれでいいや」と、人生で最大の満足を感じたのだ。娘たち、息子たちの世代に、きっと何かを手渡せたのだろう。

義

戦いを終えて
―「安曇野の軍師」からの追記―

高橋「ヨロン」茂

もちろん、私たちは死ぬ気で闘った。「健闘した」では負けであり、「勝つため」にさまざまな策を練って戦いを仕掛けた。相手陣営の十分の一以下の陣容と素人集団では、話にならなかったかもしれない。事実、本当に私たちは泡沫候補だと思われていた。

結果として敗れてしまい、投票用紙に「勝谷まさひこ」と書いてくださったみなさん、ボランティアに駆けつけてくださったみなさん、寄付をくださったみなさんに本当に申し訳ないと思っている。今はまだ、毎日自分を責め、問いかける毎日ではあるが、答えが見つかるのは先のことなのかもしれないし、見つからないかもしれない。

本書は、選挙を戦いながら候補者本人が書いた「日記」なので、あまりに生々しい描写の連続となっているが、若干補足も必要なので、この場を借りて間近で関わっていた立場として追記させていただく。

政策の作り方はこうだった。まず勝谷自身の頭に中にあるものを「政策骨子」としてすべて書き出させた。問題意識を明確にし、多くのアイデアを文字にした。次に、政策ブレーンチームが、その政策骨子に対して数字の裏付けや、同じような事業がすでに行われていないか、その成果はどうなっているのか、といった肉付けを行っていった。

ある程度まとまると、勝谷本人を含めた政策会議で、抜けているところはないか、優先順位はどうするか、などの最終案に近いところまで議論を行った。そして政策チームによる最終案に本人が目を通し、作家としての表現の手直しなどを加えて完成となった。

出来上がったものは、手前味噌ではあるが、兵庫県の現在の問題点や未来への提言などを含んだ、現実的かつ希望の見えるものになったと思う。現在の県政にもぜひ活かしてもらいたい。

話題になったイメージチェンジは難しい判断だった。勝谷さんは選挙当日のインタビューで、「（イメチェンは）我が陣営最大の失敗だった」と語ったが、私の中では『勝谷誠彦』というスタイルが、はたして知事候補として県民に受け入れられるのか」という疑問がずっとついて回った。知事候補として違和感無いスタイルにすると勝谷誠彦本人とわかってもらえず、短髪の白髪頭でサングラスといった風貌に戻すと、勝谷誠彦を知らない県民からはチンピラのように見えてしまうのではないか。服装まで含めて最後まで試行錯誤の連続だった。どちらの方が良かったのか、まだ結論は出ていない。

メディアの報道は驚くほど少なかった。地元の神戸新聞は、頑張って毎日多くの記事を掲載してくれたが、朝日、読売、毎日は担当記者がとても熱心な割に、記事の大きさは期待したほどでなく残念だった。

本文中で、私が記者に囲まれて談笑しているような記述があるが、聞かれないことまでネタとして話したりして、記事にしてもらおうと必死だったのだ。

特にテレビは、頻繁に取材に来たのはＮＨＫと地元のサンテレビくらいで、在阪民放局は選挙が始まってもほとんど関心を示してくれなかった。ツテをたどって確認してみると、どうも「井戸圧勝」と最初から踏んでいて、取材の価値なしと考えていたらしい。

情勢調査も、どこのメディアも行わなかったので、私たちは自前で4回調査を行った。サンプル数も全県を範囲にしたので、かなり多くなった。出馬表明直前ではダブルスコア以上の開きがあったが、6月上旬には7ポイント差で告示直前にはほぼ並んだ。

このタイミングでテレビ局は動き出したが、相手陣営も危機感を持ち始めた。組織票の獲得に本気で取り組み始め、期日前投票を促していた。勝谷さんへの支持はこのまま伸びていくかと思いきや、ほとんど伸びなかった。街頭演説での反応は日増しに良くなっているにもかかわらず、だ。その原因はいろいろと思い浮かぶが、敗因というものは正解が見つかりにくい。

選挙戦に入ると、毎日翌日の遊説ルートを作る必要が出てきた。それすらわかっていなかった。井戸候補は、告示日のだいぶ前に告示から最終日までの予定が分刻みで決まっていた。最初は「すごいなあ。さすがだ」と思っていたが、よく考えてみると、県内一万二〇〇〇以上の個人・団体（ここで「個人」を入れるところがミソで、数字を大きく見せることが出来る）から推薦をもらっているために、県内全域を回る必要があった。そのため、私たちは阪神間に集中出来たが、井戸候補は小さな町まで行く必要があった。しかしそれは、「すべての市町を回っています」と言い換えることも出来た。

遊説ルートは、通常街頭演説やスポット演説の場所を決めて、移動時間も考えた上で一日のルートを決める。先導車が演説場所に先回りして、告知しながら雰囲気を高めておくと、満を持して選挙カーが到着することになる。それが常識なのだが、勝谷陣営ではその日の先導車があるのか無いのかすらも前日遅くならないと決まらず、決まってもその役割は流動的で、ドライバーも常に現場判断で動くことを要求されたので、トラブルは日常茶飯事だった。かなり精神的にも負担が大きかったのではないかと思う。

少しでも選挙を経験した人には笑われそうな状況だったが、それだけスタッフが少なかった。神戸は、樫野孝人県議のチームがほぼ完璧なルート設定とコーディネートをしてくれて、尼崎や明石、そして西宮も地元に精通した協力者がコーディネートしてくれたので問題なかったが、それ以外の地域は県外のメンバーがルートを作らなければならない状況だった。

ポスター掲示板のデジタルマッピングについて。本文中の表現は、すべて手入力されたということになっているが、実際は次の作業が行われていた。

県の選挙管理委員会から渡された掲示板の住所は、なんと各市町がそれぞれ送ってきた封筒を一つの袋に入れただけであり、封筒もバラバラであれば、その中の紙に印刷されているフォーマットもバラバラであった。本文にもあるように、○○さんの家の前や、旧○○スーパーの裏のように住所になっていないものや、旧住所のものもあった。

デジタル・ボランティアのメンバーは、まず掲示板の曖昧な住所が書かれた紙をスキャナで読み込み、PDFファイル化した。次に、そのPDFファイルをOCRソフトに通し、スプレッドシートに落とし込んだ。その時点ではOCR化したときに多くの認識ミスが出ていたので、元のPDFファイルと変換後のスプレッドシートを人間の目で見比べながら、誤変換の修正作業が行われた。膨大な修正作業は、全国の顔も知らないデジタル・ボランティアたちの夜を徹した作業により、着々と進められていった。

最後に私自身について。私は「安曇野の軍師」などと表現されているが、選挙実務は初めての経験だった。政治活動でのインターネット利用に関して、2000年から関わっているのはおそらく日本で私一人なのだが、選挙の生々しさは苦手で、今まで関わったことはなかった。

今年（2017年）3月に行われたミーティングで、「一番大事な事務局長がいない」となったとき、「ヨロンさんがやれば良いよ」と勝谷さんをはじめとして、T－1君や選挙プランナーのM君が私に言ってきたが、「それだけは勘弁してくれ、やはり事務局長は選挙の経験があって、実務がわかっている人じゃないとダメでしょう。とにかく俺じゃない人を選んでくれ」と頑なに断った。しかし、誰も決まらないまま始まってしまい、そして終わった。前代未聞の選対本部長なし、事務局長なしの選挙対策本部だった。4月の時点では、「事務局長がいないからやめよう」という選択肢はなかった。そのまま必死で走り続け、「6月までにはなんとか」「告示までにはなんとか」「最後の一週間だけでも」と周りに訴えているうちに選挙は終わった。私は最後まで「暫定事務局長兼選対本部長兼ネット担当兼資金管理担当兼雑用」だった。

もっとしっかりした選対だったら勝てたのだろうか。それでもやはり勝てなかったのだろうか。毎日一度は自分に問いかけているが、答えは見つからない。

私はたった2カ月で兵庫が大好きになった。それだけの魅力が兵庫県にあったのに、今までは神戸、姫路、芦屋、明石、尼崎、宝塚、西宮、篠山そして但馬や播磨などのパーツしか目に入ってこなかった。それぞれのパーツがジグソーパズルのように組み合わさって兵庫県となる。勝谷誠彦が、どんなパズルを組み合わせていくのか見たかった。そして、少しでも自分が役に立てるのであれば、何かしたかった。

この2カ月の戦いは、多くの友人たちと多くの思い出を作ってくれたが、これだけで終わらせてはいけないような気もする。そういえば、一度も観光出来なかった。今度は観光で行きたいな。『明るく楽しい兵庫県』を想像しながら。

この書籍は有料配信メール「勝谷誠彦の××な日々。」2017年4月26日号〜2017年7月3日号を元に大幅に加筆修正しました。

64万人の魂 兵庫知事選記

2017年8月9日初版第一刷発行

著　者　勝谷誠彦
発行者　内山正之
発行所　株式会社西日本出版社
http://www.jimotonohon.com/
〒564-0044
大阪府吹田市南金田1-8-25-405
[営業・受注センター]
〒564-0044
大阪府吹田市南金田1-11-11-202
TEL 06-6338-3078
FAX 06-6310-7057
郵便振替口座番号　00980-4-181121

編　集　松田きこ
デザイン　鷺草デザイン事務所
題　字　水島二圭
協　力　高橋茂
マネージャー　T-1

印刷・製本　株式会社シナノパブリッシングプレス

ISBN978-4-908443-21-3 C0095

西日本出版社 勝谷誠彦の本

獺祭 天翔ける日の本の酒

四六判上製 204ページ 定価1500円+税

ISBN978-4-901908-91-7

今日本で最も脚光を浴びている日本酒のひとつ「獺祭」。日本酒が凋落していく中、手間をかけることで急成長した獺祭を醸す旭酒造。その姿を、どん底だった20年以上も前から、書き、語り続けた勝谷誠彦が、獺祭を生み出した桜井博志の酒造りに対する考え方と真実を書き下ろした渾身の書。

カツヤマサヒコSHOW vol.1

四六判並製 228ページ 定価1300円+税

ISBN978-4-901908-87-0

伝説のサンテレビ土曜深夜の人気番組の書籍化第1弾。編集長・勝谷誠彦が今会いたい人と酒を酌み交わしながら話したぶっちゃけトーク。スクープ満載、抱腹絶倒。勝谷誠彦の神髄がここに集約。テレビでは語られなかったネタも含めてお楽しみ下さい。

ゲスト：作家・百田尚樹、作家・花房観音、ボクサー・長谷川穂積、真正ボクシングジム会長・山下正人 他

カツヤマサヒコSHOW vol.2

四六判並製 228ページ 1300円+税

ISBN978-4-901908-88-7

サンテレビ土曜深夜の人気番組の書籍化、第2弾。

ゲスト：映画監督・林海象、阪神タイガースGM付育成&打撃コーディネーター・掛布雅之、大阪学院大学教授・國定浩一 国際日本文化研究センター・名誉教授 村井康彦 他

酔談3

四六判並製 232ページ 定価1150円+税

ISBN978-4-901908-95-5

サンテレビ土曜深夜の人気番組「カツヤマサヒコSHOW」の対談本第3弾。

ゲスト：報道カメラマン・宮嶋茂樹、小説家・小川洋子、フードコラムニスト・門上武司、神戸大学名誉教授・尼川タイサク、実業家・堀江貴文 他

怒れるおっさん会議 in ひみつ基地

四六判 326ページ 並製 定価1400円+税

ISBN978-4-901908-72-6

勝谷誠彦が吠えた、讃岐うどんブームを巻き起こした、麺通団団長田尾和俊がしゃべりたおした、パロマスも続いた。地元愛満載で語り合った、地方のこと、日本のこと、うどんのこと。ゆでがえる化した日本国民に贈る、啓発の書。本書内で、兵庫県知事出馬宣言あり（笑）。

男の居場所

B6判並製 240ページ 定価1300円+税

ISBN978-4-901908-40-5

出版・テレビなどでヒットを飛ばし続ける時代の寵児・勝谷誠彦が、全国を食べ歩いて選りすぐった57軒の酒と料理のうまい店を通して描いた『男の居場所』。ページをめくるたびに喉がごくりと鳴る、酒呑みのための味紀行。